探討原子

世間萬物皆由原子組成

原子的大小為1000萬分之1毫米

世界上所有的物質都是由「原子」（atom）組成的。無論是空氣、地球或是生物，所有的一切都是由原子所構成。活躍於20世紀的美國物理學家費曼（Richard Phillip Feynman，1918～1988）曾這麼說過：「假如現在發生了一場大災難所有科學知識全都灰飛湮滅，只能留一句話給後代的話，那應該就是『所

原子實在是非常小

原子的大小約為10^{-10}公尺（1000萬分之1毫米）。若將高爾夫球放大到跟地球一樣大，那麼原本的高爾夫球就相當於原子的大小。

地球（直徑約1萬2000公里）

高爾夫球

有的東西都是由原子構成的』吧！」

儘管平常並不會感覺到，但其實我們人類本身也是一堆原子的集合體。之所以會難以察覺，是因為原子實在是太小了。原子的平均大小只有1000萬分之１毫米，如果把零都列出來，就是0.0000001毫米。高爾夫球與一個原子的大小相比，就等同於地球與一顆高爾夫球相比。

原子實在是非常多

１茶匙（約５毫升）的水中含有的水分子數，遠遠超過地球的總人口數或銀河系裡的恆星數。

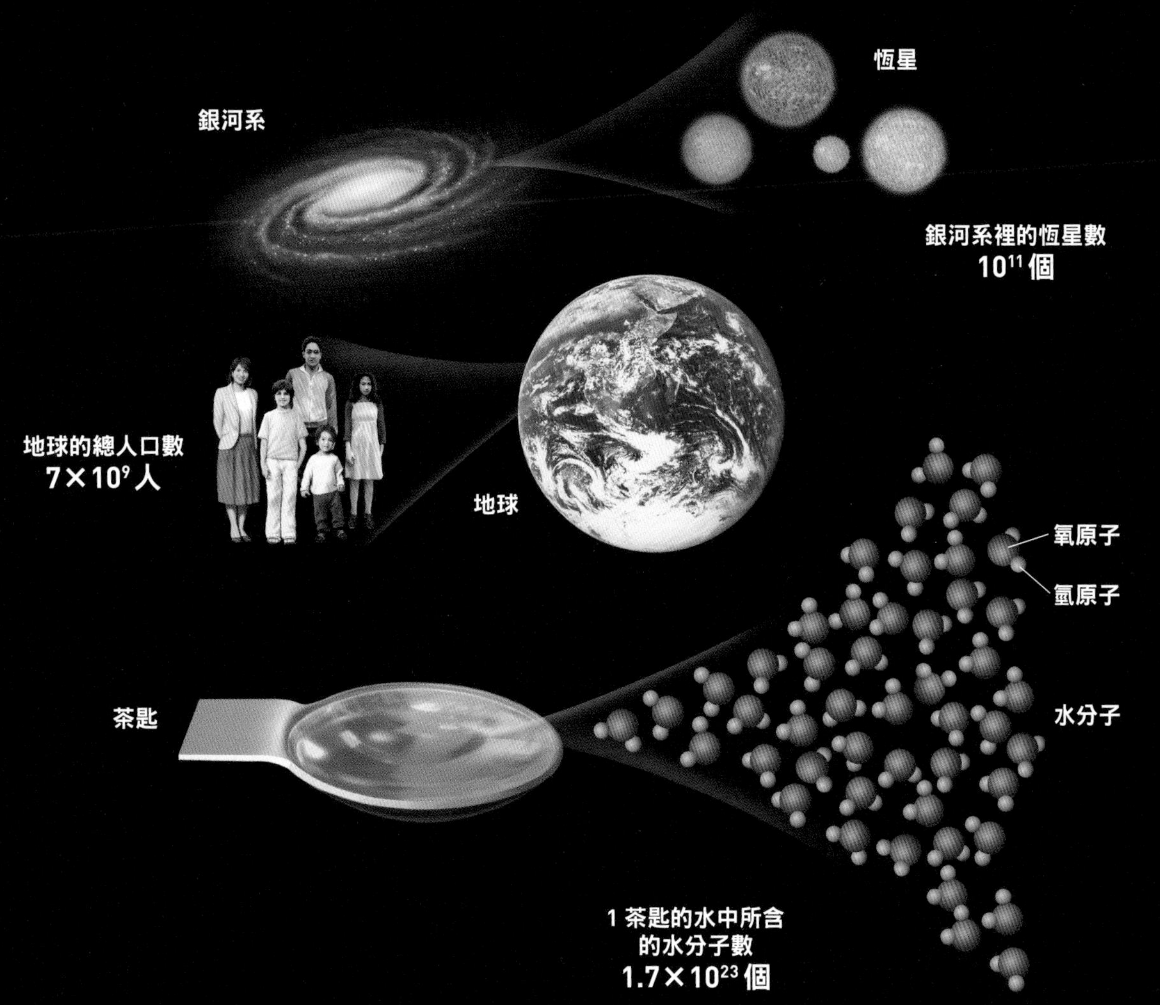

探討原子

來看看原子的「內部」

原子的種類由「質子」的數量決定

所有物質的組成成分「原子」究竟是何方神聖？

原子的中心有「原子核」，原子核由「質子」（proton）跟「中子」（neutron）結合而成。質子帶正電，中子不帶電。

另外，原子核的周圍還有帶負電的「電子」（electron）。質子與電子的數量相同，因而使得整個原子呈現

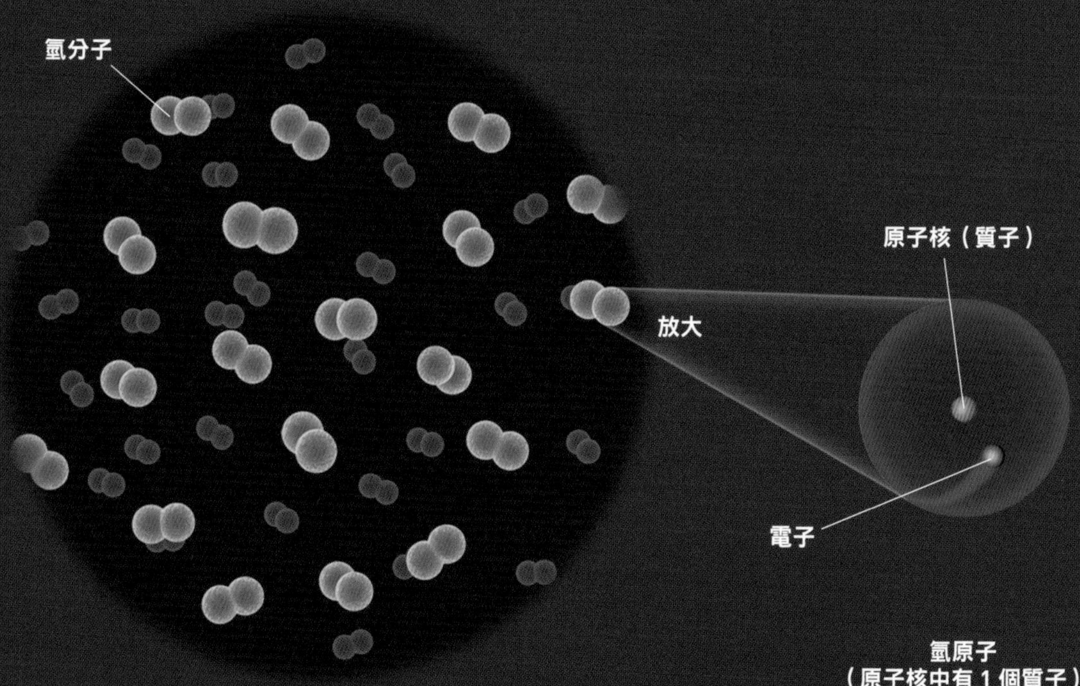

氫

氫分子

放大

原子核（質子）

電子

氫原子
（原子核中有 1 個質子）

電中性。

原子的種類由質子的數量決定，質子的數量稱為「原子序」。

原子序為 1 的氫原子中，包含 1 個質子及 1 個電子；原子序為 8 的氧原子中，則包含 8 個質子及 8 個電子。

原子由原子核與電子組成

下圖為氫原子與氧原子構造的示意圖。質子的數量依原子的種類（元素）而定，例如氫原子有 1 個質子，氧原子有 8 個質子。在各個原子中，質子的數量和電子相同。

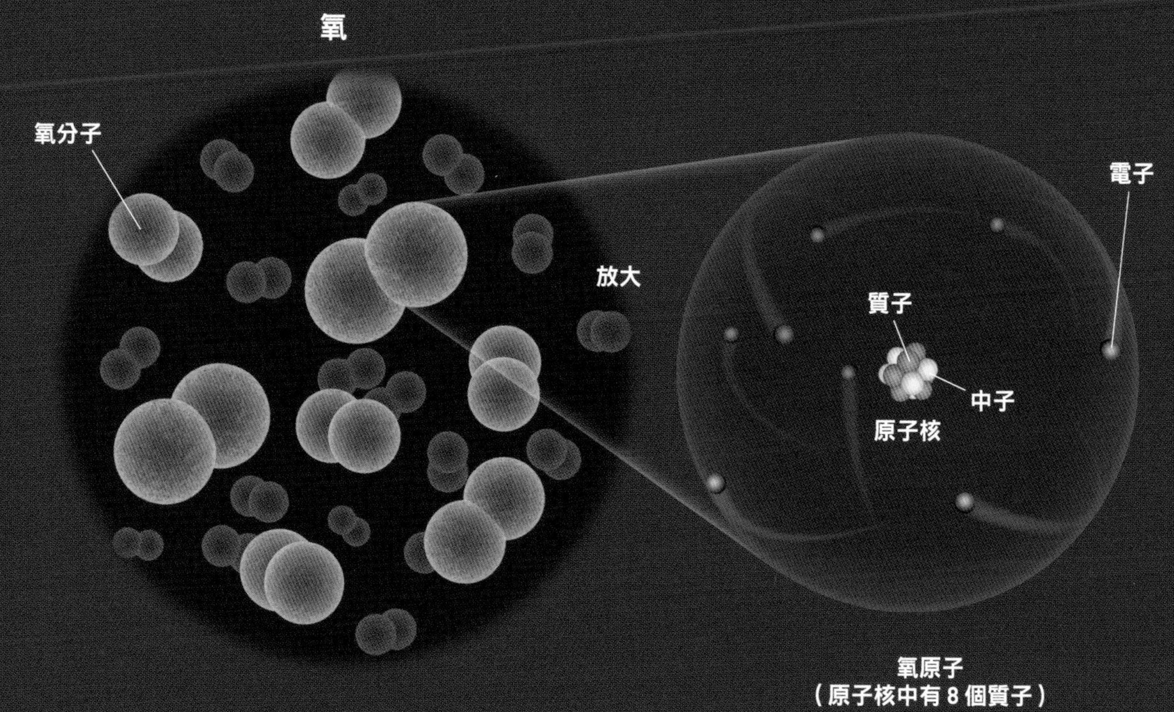

直到20世紀終於瞭解原子的構造

原子中的電子分成數個群組

原子中心具有帶正電的團塊（也就是原子核），其周圍有電子在四處移動，此樣貌一直到20世紀才闡明。

在20世紀初時這個模型存在一個大問題：以當時的知識而言，電子在原子核周圍四處移動後，應該會放出能量，最後往原子核落下。

針對這一點，丹麥的物理學家波耳（Niels Bohr，1885～1962）認為「原子核周邊存在著許多軌道，但電子無法繞行所有的軌道，電子被『允許』行走的只有眾多軌道中特定的軌道而已」。

波耳認為有好幾個包含多個電子軌道的群組存在，並將這些群組稱為「電子殼層」（electron shell）。

波耳所構思的新原子模型

右上圖是基於波耳主張的假說所畫出的原子模型電子軌道並非任意大小，而且被分為數個群組。這裡以黃色、粉紅色和水藍色區分不同的群組（子殼層）。由於電子無法進入黃色軌道的內側，所不會撞上原子核。

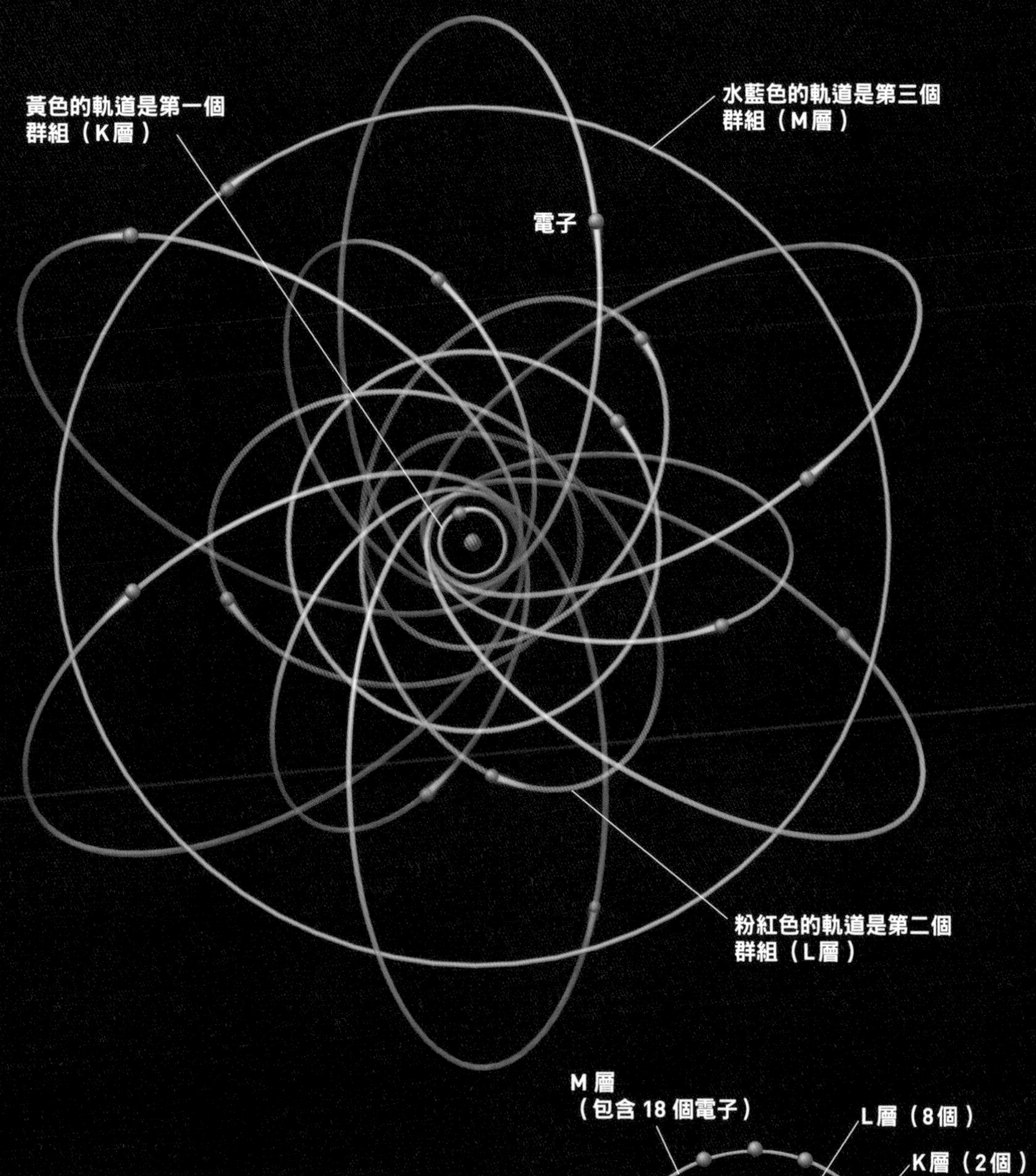
黃色的軌道是第一個
群組（K層）
水藍色的軌道是第三個
群組（M層）
電子
粉紅色的軌道是第二個
群組（L層）
M層
（包含18個電子）
L層（8個）
K層（2個）

探討原子

現代科學摸索出原子奇妙的模樣

被電子雲所覆蓋的原子

直徑約1000萬分之1毫米的微小原子，無法直接用我們的肉眼觀察。使用特殊顯微鏡雖然能看到大概的形狀，卻無法看清細部構造。然而在近代科學家的探究下，終於讓原子詳細的樣貌曝光。

右圖是原子的模樣。可以看見形狀各異的雲狀物彼此重疊，形成一顆大球。這些雲的真面目是「電子」。圖中似乎存在無數的電子，但這些雲其實是表示電子可以存在的區域。

中央的粉紅色小球是「原子核」。原子的質量幾乎全集中在原子核，但原子核的半徑只有原子全體的1萬分之1左右，小到幾乎畫不成一個點。

原子就是由原子核及環繞原子核的

Column

Coffee Break

有點奇妙的「元素名稱」由來

元素的名稱其來有自，像是科學家的名字、地名、神話中神祇的名字等等。在週期表上相鄰的鎳跟鈷則相當特別，是從當時礦工的軼事而命名的。

銅取自紅褐色的氧化銅（Cu_2O），但也有雖然是紅褐色，卻再怎麼精煉也得不到銅的礦物，礦工們就以德文的「銅魔鬼」（Kupfernickel）來稱呼這種礦物。

1751年，瑞典化學家克龍斯泰特（Axel Fredrik Cronstedt，1722～1765）成功從銅魔鬼中分離出新元素，並將此分離出來的新元素，命名為具有「魔鬼」之意的「鎳」（nickel）。銅魔鬼的真面目，就是由鎳和砷形成的「紅砷鎳礦」。

1735年發現的「鈷」（cobalt）也很難從礦石中分離出來，因此就以德國民間傳說中出現的山精「kobold」為元素命名。

魔鬼會妨礙採銅？

在礦場工作的礦工認為，無法從紅褐色的礦物中分離出銅，是因為有惡魔在搞鬼，因此將這種礦物稱為「銅魔鬼」。後來在1751年，克龍斯泰特成功從這種礦物（紅砷鎳礦）中分離出新元素，並將新元素命名為「nickel」（魔鬼）。

週期表歷經150年才變成如今的模樣

雖然不斷加以改良，但骨架始終沒有改變

元素是什麼？元素是組成物質的基本成分，例如水（H_2O）是由氫（H）跟氧（O）這兩個元素構成。存在我們身邊的一切物質，都是像這樣由各種元素組合而成。

將元素做了妥善整理與分類的就是「週期表」，由俄國化學家門得列夫（Dmitri Mendeleev，1834～1907）在1869年製作而成，至今週期表仍隨著新元素的發現，不斷進行各種改良。

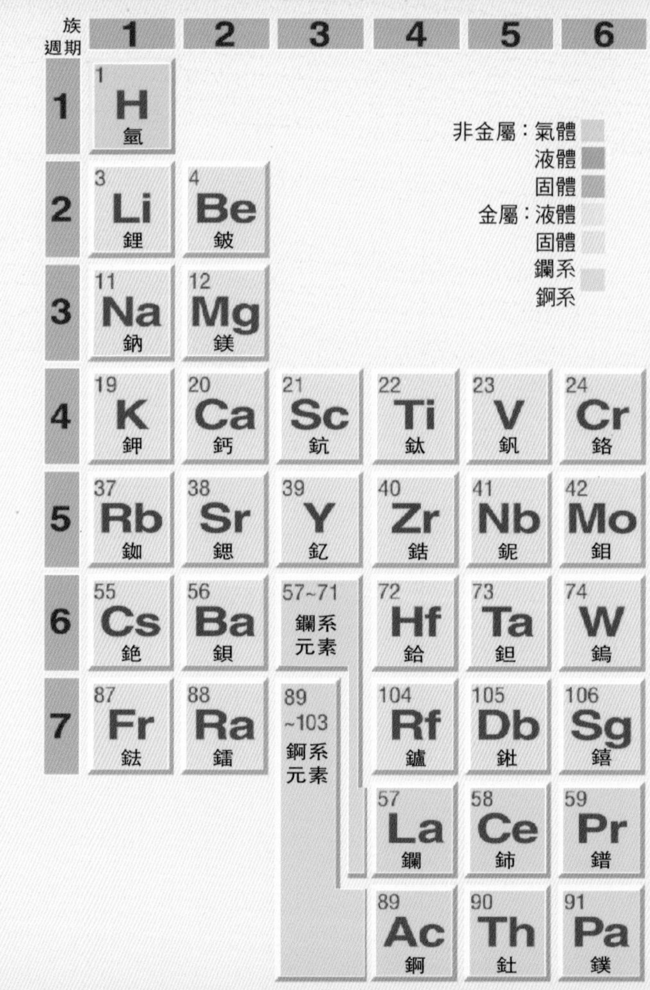

現在的週期表（長式週期表）

將1～18族、1～7週期並列的長式週期表是現今國際採用的標準形式。週期表按照原子序（質子的數量）排列，直行（族）中聚集了「原子最外側的電子數」相同的元素，週期則基本上是對應電子殼層的數量。

1890年代在新元素逐一被發現時，因為這些元素擁有的性質與當時已知的元素都不相同，所以該填進週期表的哪個地方，令許多化學家傷透腦筋。但後來發現藉由在週期表上追加新的「週期」或「族」，就能將新元素「吸收」進週期表內。之後在發現新元素時，也都會經過一番討論後再填進週期表裡。在2021年 3 月時已經增加到118個。

週期表就是根據各種元素不同的化學性質而加以分類的表。

有名字的「元素組別」

鹼金屬：H 以外的第 1 族
鹼土金屬：第 2 族
鹵素：第17族
稀有氣體：第18族
稀土元素：鈧、釔及鑭系

7	8	9	10	11	12	13	14	15	16	17	18
											2 He 氦
						5 B 硼	6 C 碳	7 N 氮	8 O 氧	9 F 氟	10 Ne 氖
						13 Al 鋁	14 Si 矽	15 P 磷	16 S 硫	17 Cl 氯	18 Ar 氬
25 Mn 錳	26 Fe 鐵	27 Co 鈷	28 Ni 鎳	29 Cu 銅	30 Zn 鋅	31 Ga 鎵	32 Ge 鍺	33 As 砷	34 Se 硒	35 Br 溴	36 Kr 氪
43 Tc 鎝	44 Ru 釕	45 Rh 銠	46 Pd 鈀	47 Ag 銀	48 Cd 鎘	49 In 銦	50 Sn 錫	51 Sb 銻	52 Te 碲	53 I 碘	54 Xe 氙
75 Re 錸	76 Os 鋨	77 Ir 銥	78 Pt 鉑	79 Au 金	80 Hg 汞	81 Tl 鉈	82 Pb 鉛	83 Bi 鉍	84 Po 釙	85 At 砈	86 Rn 氡
107 Bh 𨨏	108 Hs 𨭆	109 Mt 䥑	110 Ds 鐽	111 Rg 錀	112 Cn 鎶	113 Nh 鉨	114 Fl 鈇	115 Mc 鏌	116 Lv 鉝	117 Ts 鿬	118 Og 鿫
60 Nd 釹	61 Pm 鉕	62 Sm 釤	63 Eu 銪	64 Gd 釓	65 Tb 鋱	66 Dy 鏑	67 Ho 鈥	68 Er 鉺	69 Tm 銩	70 Yb 鐿	71 Lu 鎦
92 U 鈾	93 Np 錼	94 Pu 鈽	95 Am 鋂	96 Cm 鋦	97 Bk 鉳	98 Cf 鉲	99 Es 鑀	100 Fm 鐨	101 Md 鍆	102 No 鍩	103 Lr 鐒

元素的性質是如何決定的？

最外層電子的數量決定了元素的性質

到了20世紀，終於瞭解元素的化學性質取決於「電子」。電子圍繞於原子核周圍，分成數個「電子殼層」。其中，電子可以進入的「座位」數是固定的，電子會從內側開始將座位「填滿」。

電子帶負電，質子帶正電，因此當電子的數量與原子核中的質子相同時，正負電會互相抵消，使整個原子呈現電中性的狀態。此時，原子最外側殼層（最外層）的電子就是和其他

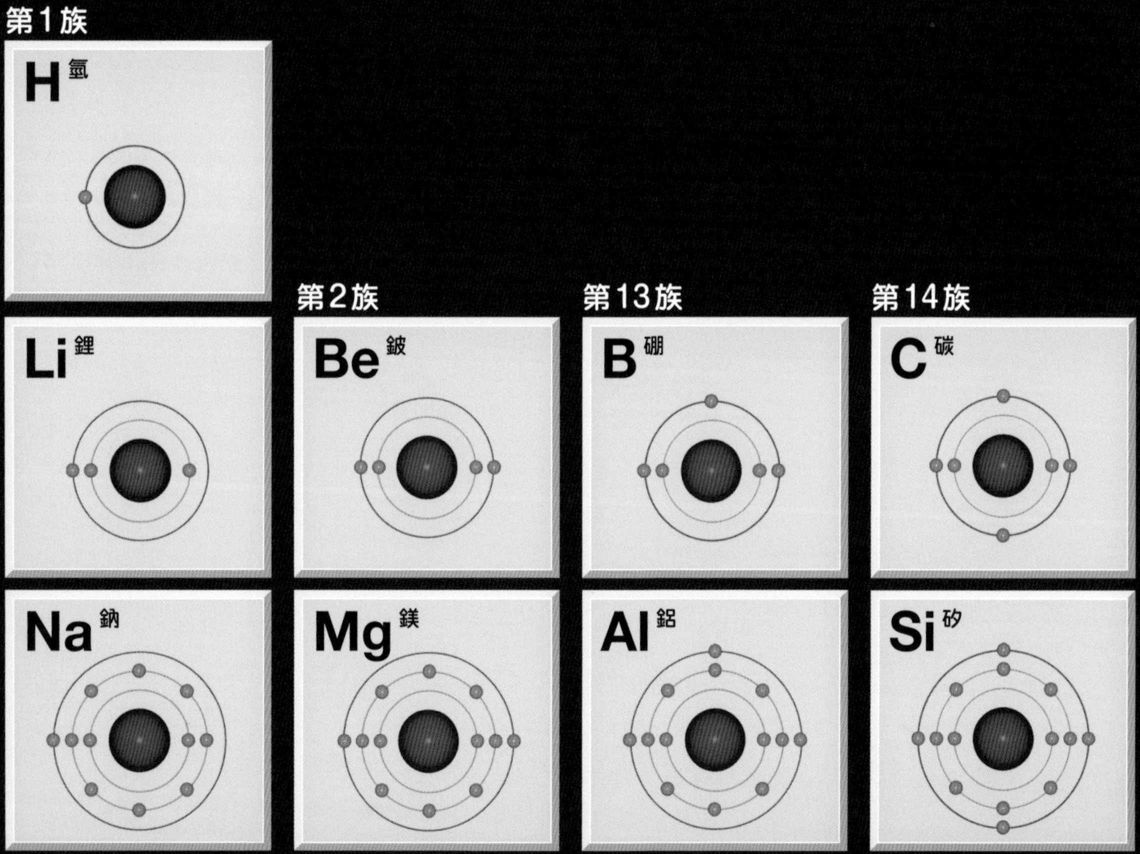

第1族

H 氫

Li 鋰

Na 鈉

容易失去電子，能夠與1個原子結合。

第2族

Be 鈹

Mg 鎂

容易失去電子，能夠與1～2個原子結合。

第13族

B 硼

Al 鋁

容易失去電子，能夠與1～3個原子結合。

第14族

C 碳

Si 矽

能夠與4個原子結合

原子產生反應的當事者。也就是說，最外層電子的數量扮演了決定化學性質的角色。

最後，化學反應就是顯示「最外層電子如何轉移」。與反應相關的電子稱為「價電子」（valence electron）。

由最外側的電子決定性質

同一行（族）元素最外層電子（價電子）的數量都相同。1～17族最外層電子的「座位」還有空位，所以會產生各式各樣的反應，但第18族（稀有氣體）沒有空位，因此幾乎不會和其他的原子產生反應（所以又稱為惰性氣體）。

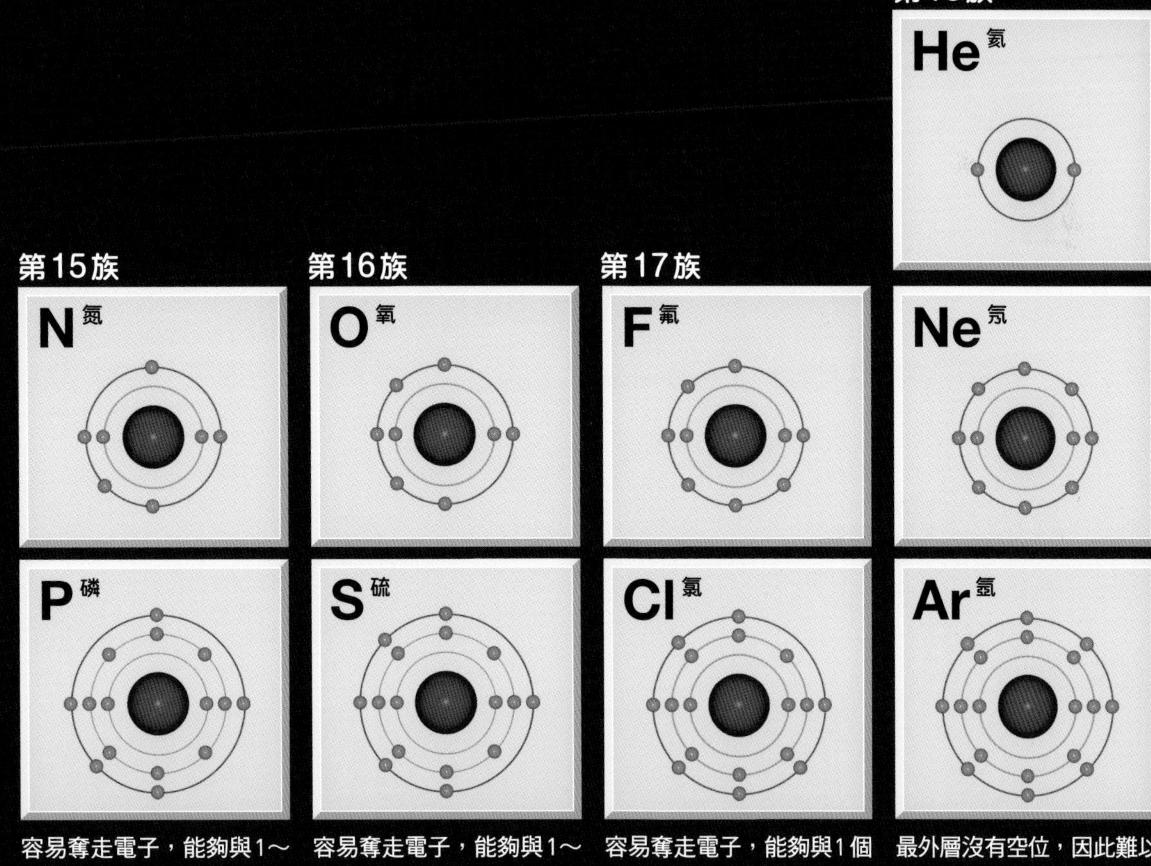

容易奪走電子，能夠與1～3個原子結合。

容易奪走電子，能夠與1～2個原子結合。

容易奪走電子，能夠與1個原子結合。

最外層沒有空位，因此難以和其他原子產生反應。

瞭解週期表就懂化學

同一行元素的性質類似

電子的增減會根據最外層的「空位」數而定

週期表元素的排列方式中，很重要的一件事是「同一直行的元素性質類似」，週期表中的直行稱為「族」，也就是同族元素的性質類似。這是為什麼呢？

若觀察同族元素之最外側電子殼層的電子（最外層電子），會發現數量都相同（見下方週期表），例如週期表中最左邊的第 1 族，最外層電子的數量都只有 1 個。

另一方面，週期表最右邊的第18

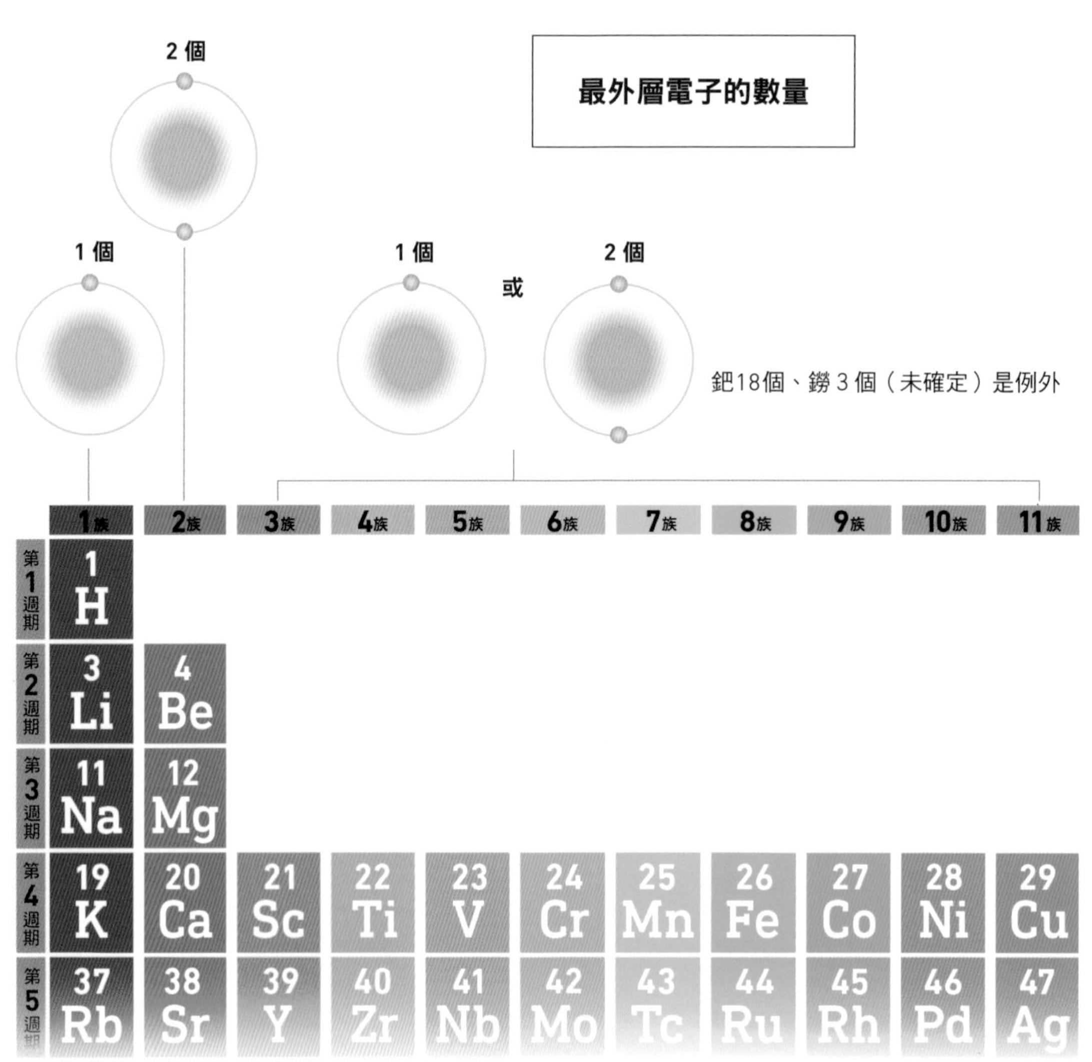

族，除了氦（He）之外，最外層電子的數量都是8個。可見最外層電子的數量，扮演了決定原子性質的重要角色。

此外，第3～11族的元素稱為「過渡元素」，其最外層電子的數量幾乎都是1個或2個。過渡元素有個特徵，就是同一列（而非同一行）的元素擁有相似的性質。

最外層電子的數量因族而定

根據族別就能顯示最外層電子的數量。第1～2族及第12～18族稱為「典型元素」，族數的個位數與最外層電子的數目相同（除了氦之外）。第3～11族為「過渡元素」，最外層電子的數量幾乎都是1個或2個。最外層電子的數量與元素的化學性質有密不可分的關係，但原子序104以後的元素，其化學性質目前尚不清楚。

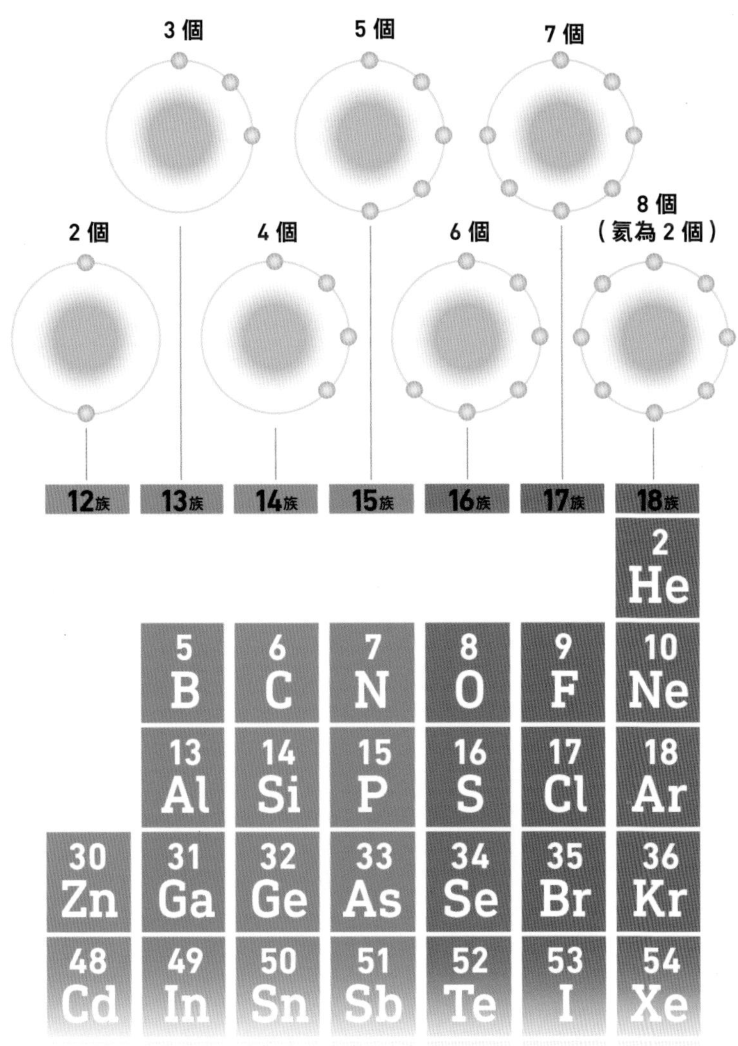

小心輕放！反應劇烈的「鹼金屬」

不穩定的電子容易轉移給別的物質

第1族元素除了氫以外全是金屬元素，名為「鹼金屬」。雖然叫做金屬，但性質和鐵之類常見的金屬大不相同。舉例來說，鹼金屬都很柔軟，鈉（Na）和鉀（K）能輕易用刀切開；鋰（Li）、鈉（Na）和鉀（K）很輕（密度很小），所以會浮在水面上。

鹼金屬的特徵是非常容易和其他物質起反應，這是由於最外層電子數只有1個，很不穩定，容易轉移給其他原子或分子的緣故。

右頁的照片是大量金屬鈉與水反應的景象，可看出鈉和水會產生劇烈的化學反應，火花四散並產生爆炸。

鹼金屬是使用在鋰電池等電池的材料。

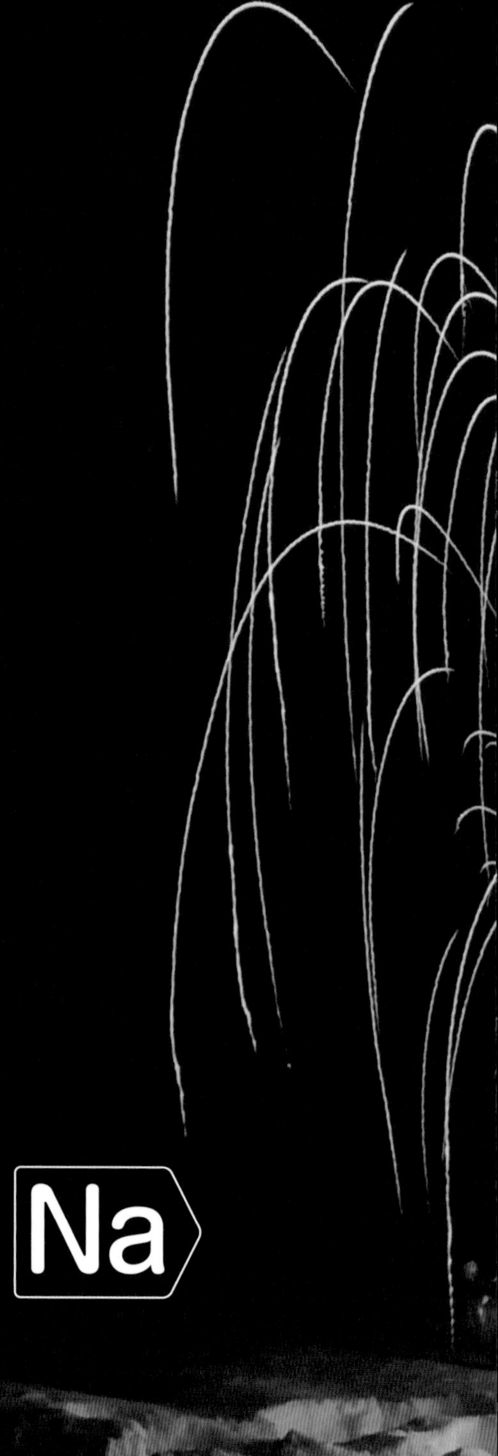

Na

**和水產生劇烈反應而
火花四散的鈉**

大量金屬鈉與水接觸後產生爆炸性反應的景象。

瞭解週期表就懂化學

生命和資訊科技都不能缺少的碳一族

擁有4個價電子的第14族元素

矽晶圓

矽晶圓是高純度單晶矽做成的板子。藉由添加不純物或施以精密加工，可製成積體電路（IC）或二極體等電腦必備的零件。

第14族的碳（C）和矽（Si）是非金屬，鍺（Ge）和錫（Sn）是半金屬，鉛（Pb）是金屬，這些元素合稱為「碳族元素」。其中第 7 週期的鈇（Fl）是人工合成的元素。

第14族的特徵是擁有 4 個價電子，也就是說它們能用四隻「手」與各種原子結合。藉此形成各式各樣的物質以及多種晶體形狀。

以碳為例，與氧結合可形成二氧化碳，與氮等元素結合可形成胺基酸，對生命來說不可或缺的物質大多都是以碳為主要成分。煤或石油等化石燃料中也含有碳，最近還帶動了奈米科技的發展。

矽同樣用四隻手和其他原子結合，但矽並非生命的主要成分。矽自古以來就被用於製造玻璃和水泥，從20世紀後半開始也用於半導體和太陽能電池。

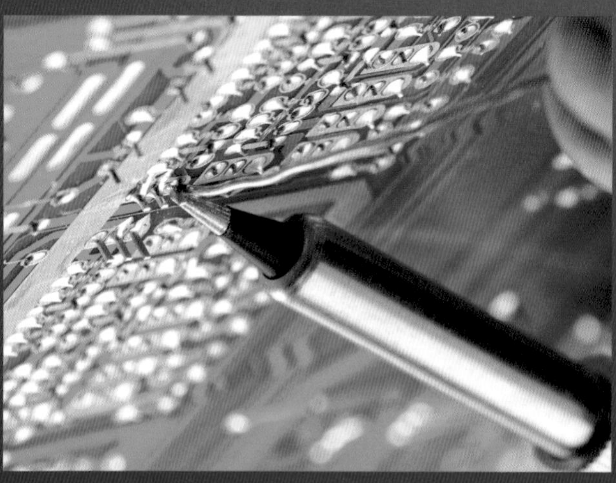

軟焊

以發熱的烙鐵來熔化錫鉛合金的焊錫，可用來連接導線或將金屬與金屬接合在一起。鉛對人體有害，因此近年也會使用不含鉛的合金。

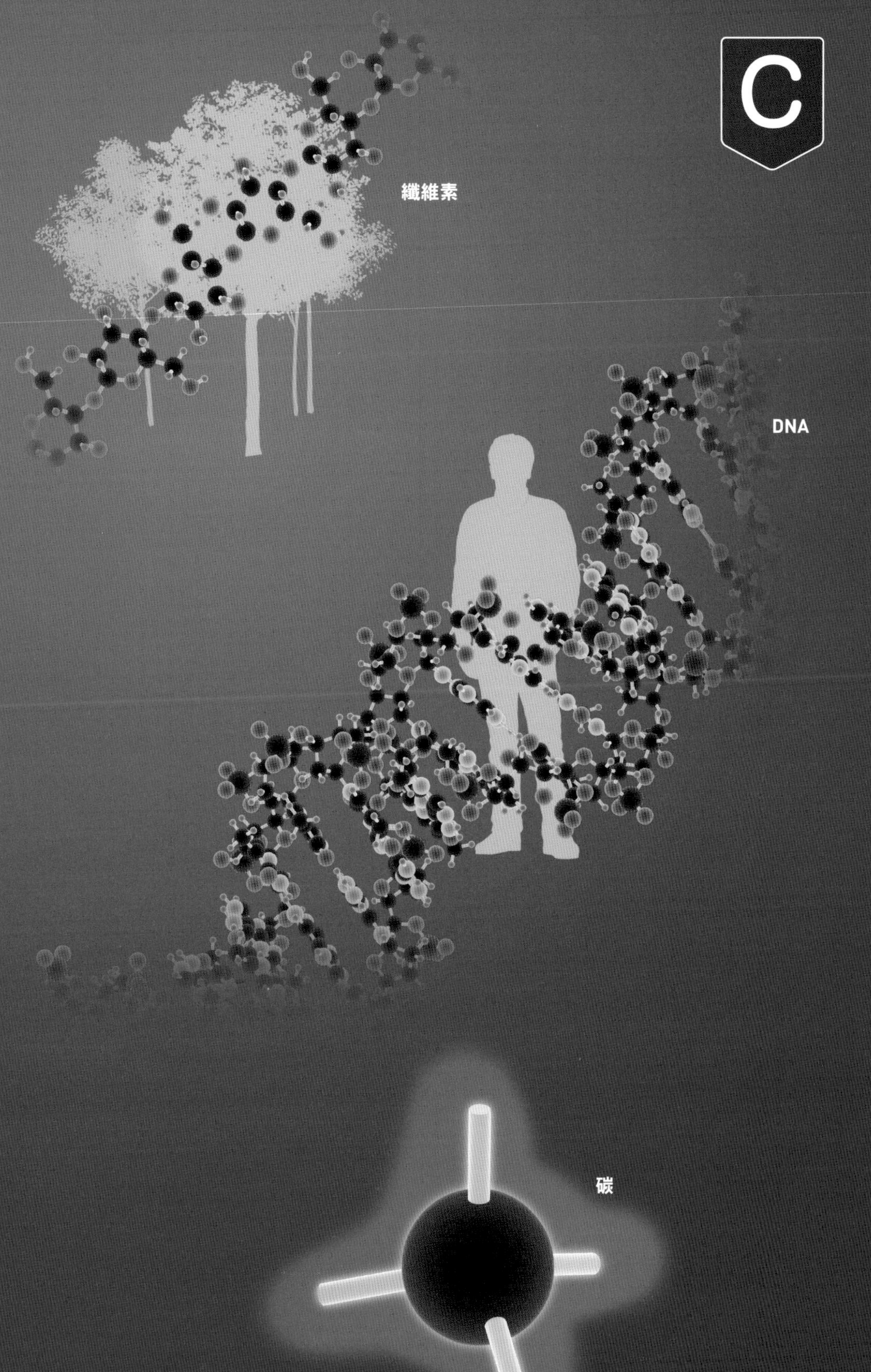
C
纖維素
DNA
碳

瞭解週期表就懂化學

難以產生反應的高傲氣體「稀有氣體」

因為最外層沒有空位所以相當穩定

位在週期表最右邊的第18族元素，除了第118號的鿫（Og）之外，稱為「稀有氣體」（rare gas）。屬於人造元素的鿫，其性質還不是很清楚，但其他的氦（He）、氖（Ne）、氬（Ar）、氪（Kr）、氙（Xe）、氡（Rn）在常溫下全都以單原子氣體的狀態存在。

稀有氣體的特性是難以和其他元素產生反應，原因也在於電子配置。稀有氣體的電子殼層沒有「空位」，非常穩定，不需要和其他原子產生反應。

由於難以產生反應，稀有氣體被應用在各種用途上，例如比空氣還輕的氦，就算靠近火源也不會燒起來，因此會運用在飛行船、熱氣球及氣球等等。深海潛水用的氧氣瓶則是會混入氦或氬，可避免發生潛水夫病。

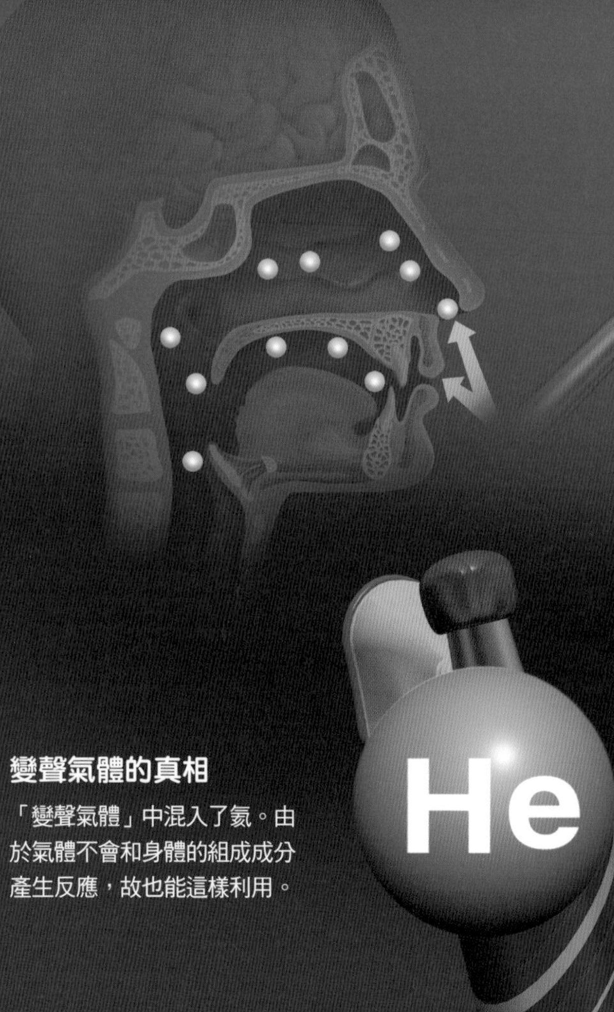

人體吸入也很安全

即使吸入稀有氣體也不容易傷害身體。

變聲氣體的真相

「變聲氣體」中混入了氦。由於氣體不會和身體的組成成分產生反應，故也能這樣利用。

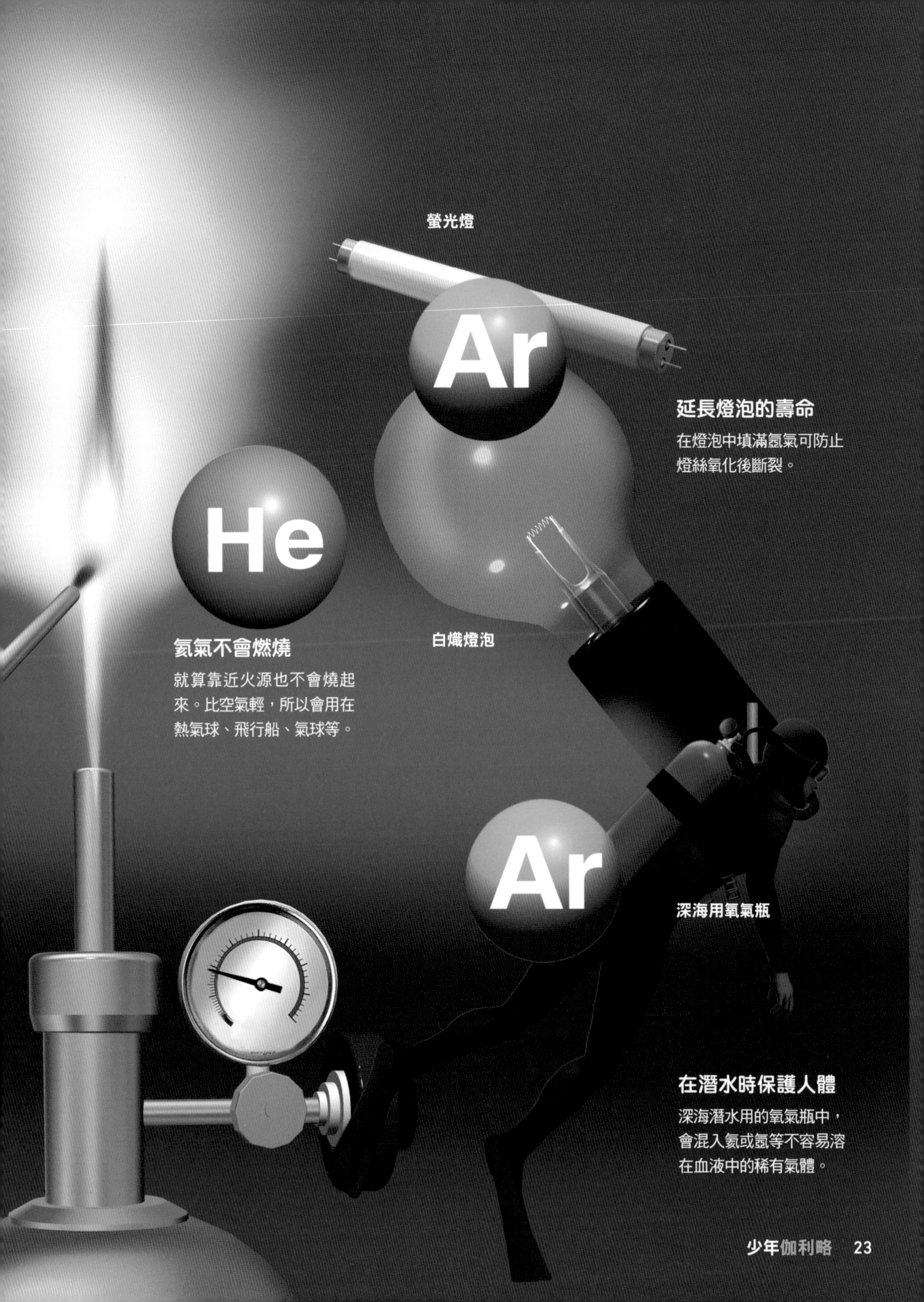

螢光燈

Ar

延長燈泡的壽命

在燈泡中填滿氬氣可防止燈絲氧化後斷裂。

He

氦氣不會燃燒

就算靠近火源也不會燒起來。比空氣輕，所以會用在熱氣球、飛行船、氣球等。

白熾燈泡

Ar

深海用氧氣瓶

在潛水時保護人體

深海潛水用的氧氣瓶中，會混入氦或氬等不容易溶在血液中的稀有氣體。

「金屬」可導電又能變形的祕密

自由電子產生金屬特有的性質

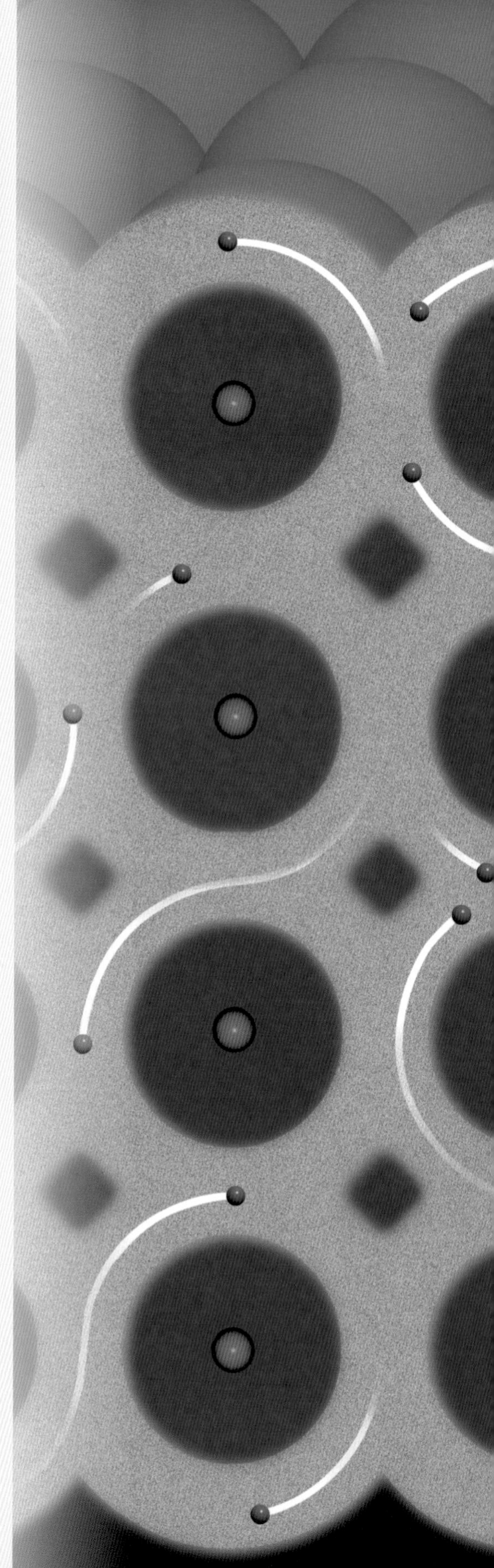

金屬是什麼呢？金屬指的是多個原子以「自由電子」相連，表現出特有性質的物質。自由電子是指可以在多個金屬原子間自由移動的電子。金屬原子與金屬原子連結後，透過電子殼層互相重疊，形成所有殼層全都連在一起的狀態。單獨一個原子時，繞行原子核周圍的電子，就變得可以在晶體中延著相連的電子殼層在整個金屬裡自由移動，並藉此將金屬原子連結起來。

由於自由電子的存在，金屬會擁有怎樣的特性呢？例如，金屬具有良好的導電性，就是因為帶負電的自由電子可在金屬塊中任意移動。另外，透過自由電子的移動，原子就算位移也能保持彼此相連，因此金屬具有延展性。

決定金屬性質的自由電子

自由電子可延著相連的電子殼層在原子間自由移動。由於自由電子的存在，金屬就能表現出特有的各種性質。

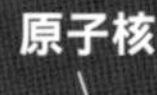

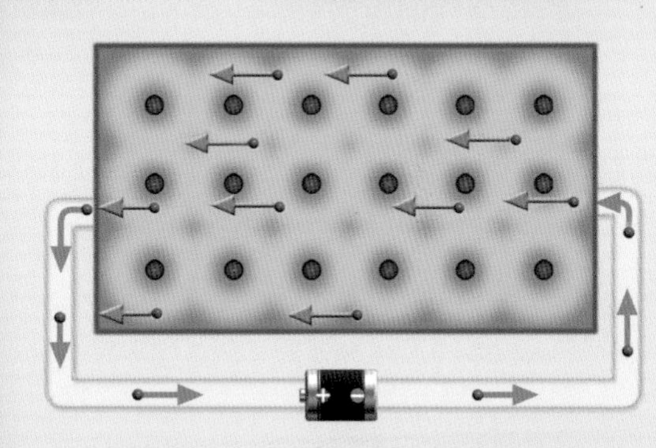

為何電可以流動？

因為金屬裡有帶負電的自由電子四處移動，因此能將電荷從陰極運到陽極。

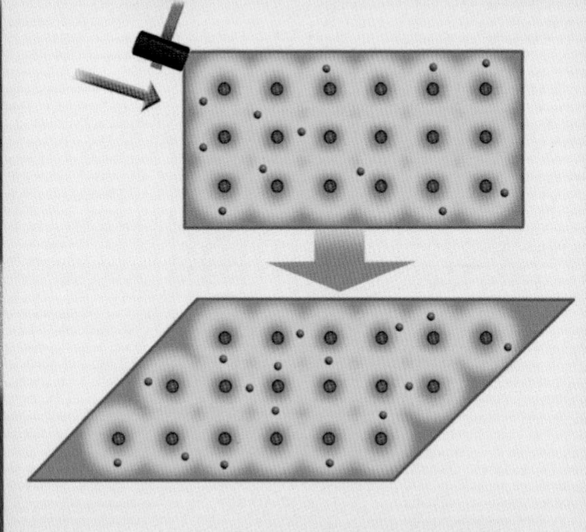

被敲打後變薄了

由於自由電子的移動，原子跟原子間的鍵結可以錯動而不會被打斷。

高科技產品中不可或缺的「稀土元素」

獨特性質來自鑭系元素特有的原子結構

稀土元素是週期表第3族中17種金屬元素的總稱，其中15種的「鑭系元素」經常畫成超出週期表外，這是由於它們奇特的內部結構。

電子固定從最接近原子核的電子殼層開始依序填滿，但也有先進入外側的電子殼層，然後才進入內一層電子殼層的元素（過渡元素）。鑭系元素的特點在於，電子進入的電子殼層空位甚至不是內一層，而是要再往內一層。

這樣的原子內部結構，便產生出只有鑭系元素才看得到的獨特性質。如今，現代社會不可或缺的智慧型手機、混合動力（電動）車、液晶螢幕，還有其他形形色色的高科技產品，它們的基礎幾乎都是稀土元素。

稀土元素與高科技產品

日常生活中因為有各式各樣的高科技產品而變得舒適愜意，這些高科技產品中便使用了許多稀土元素。

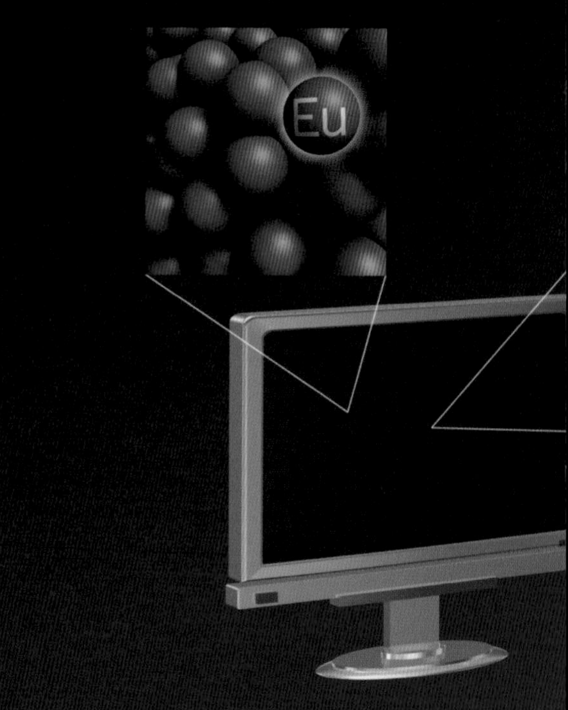

高音質的「喇叭」

利用釹（Nd）磁鐵的斥力（或吸力）產生振動。

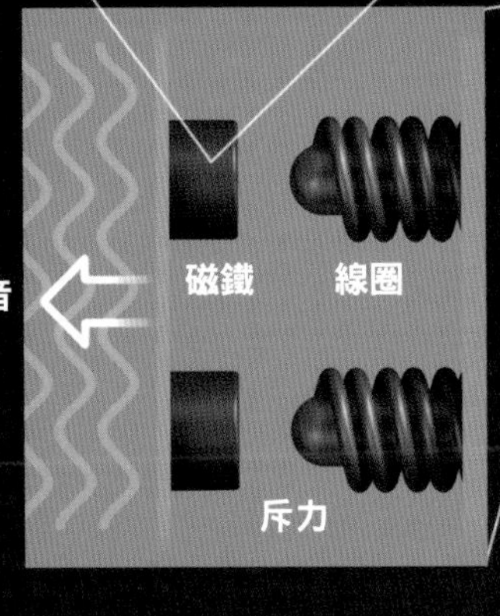

馬達

混合動力車的「馬達」

混合動力車的馬達裡除了稀土元素的鏑（Dy），還會使用提高耐熱性的釹磁鐵。

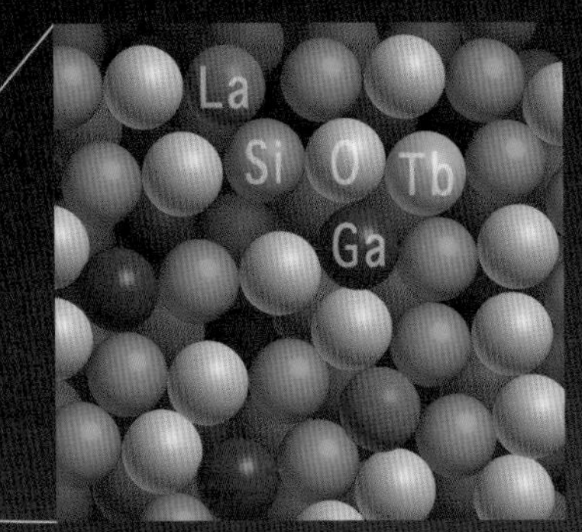

彩色電視的「顯示器」

使用微量的銪（Eu）跟鋱（Tb）。銪會發出光的三原色「紅、藍、綠」中的紅光，鋱則會發出綠光。

構成人體的元素

占絕大部分的元素僅有6種

人體的98.5%僅由6種元素（氧、碳、氫、氮、鈣、磷）組成。人體內的胺基酸、蛋白質、核酸（如DNA）、脂肪等，幾乎全是由這6種元素構成。

氧不但是占人體約70%的水（H_2O）之組成成分，還用在構成身體的蛋白質和核酸。從肺吸進來的氧氣也會溶在血液中，供給全身的細胞。

鈣（Ca）主要作為骨骼的材料，磷（P）則主要作為核酸的材料。人體中也含有鐵（Fe）和鋅（Zn）等金屬，而且已知特定金屬是維持人體正常機能所不可或缺的必須元素（參照右頁的表）。

以鐵為例，成人體內含有5克左右的鐵，主要作為紅血球中氧結合蛋白（血紅素）的一部分，當鐵質不足時運送氧的能力會下降，造成貧血。

人體必需的氮和磷

人體體重的約4%是氮和磷，在人體中有大量含氮及磷的物質，例如能量來源分子ATP等。

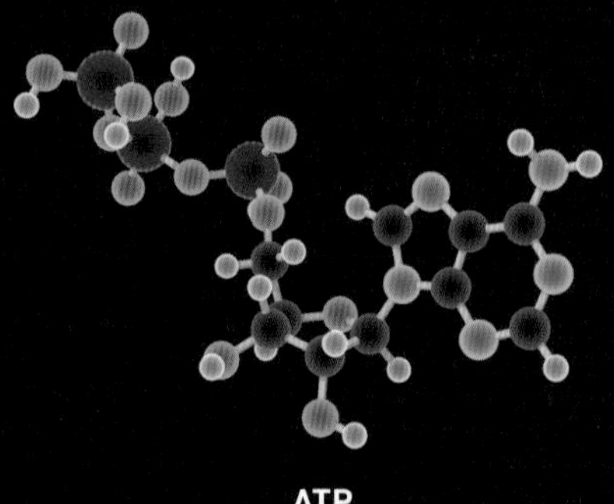

ATP

生命的能量分子ATP

「三磷酸腺苷」（ATP）負責所有生物能量的貯存與釋放，含有5個氮原子（綠色）與3個磷原子（紅色）。當磷與其周圍的氧和氫組合成的「磷酸根」（$H_2PO_4^-$）從ATP脫離時，釋放出來的能量就會運用在生理機能上。

構成人體的35種元素

表中最上方的 6 種元素占了人體體重的98.5%，其他所含的微量元素大約有30種。另外，以紅字表示的元素，代表維持生理機能所必需的元素。

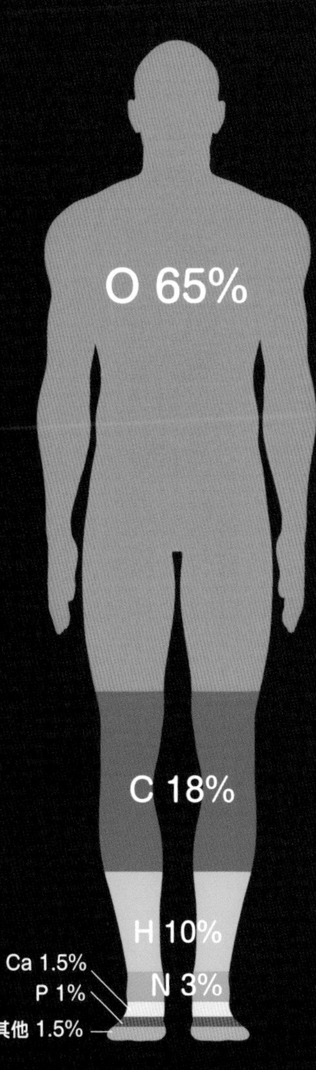

元素（紅字為必需元素）		體重60公斤中所含的量
O	氧	39 kg
C	碳	11 kg
H	氫	6.0 kg
N	氮	1.8 kg
Ca	鈣	900 g
P	磷	600 g
S	硫	150 g
K	鉀	120 g
Na	鈉	90 g
Cl	氯	90 g
Mg	鎂	30 g
Fe	鐵	5.1 g
F	氟	2.6 g
Si	矽	1.7 g
Zn	鋅	1.7 g
Sr	鍶	270 mg※
Rb	銣	270 mg
Br	溴	170 mg
Pb	鉛	100 mg
Mn	錳	86 mg
Cu	銅	68 mg
Al	鋁	51 mg
Cd	鎘	43 mg
Sn	錫	17 mg
Ba	鋇	15 mg
Hg	汞	11 mg
Se	硒	10 mg
I	碘	9.4 mg
Mo	鉬	8.6 mg
Ni	鎳	8.6 mg
B	硼	8.6 mg
Cr	鉻	1.7 mg
As	砷	1.7 mg
Co	鈷	1.3 mg
V	釩	170 μg※

※：1mg（毫克）為1000分之1g（克）
1μg（微克）為1000分之1mg（毫克）

Column

Coffee Break

118種元素是何時、在哪裡發現的？

現在週期表裡共記載著118種元素，來看看這些元素被人發現的歷史吧。

自古以來被當作農具、武器或裝飾品的銅及鐵等生活中常見的元素，首次被發現的地點和時代其實

發現元素的國家與年代

週期表上118個元素的發現國家，依年代排序可看出18～19世紀大多為瑞典、英國、法國等歐洲國家，20世紀以後則以美國占壓倒性的多數。發現國家會像這樣依年代而有不同的傾向，是因為新元素的發現跟各國科學技術的發展有密不可分的關係。

註：各年代排序是根據發現時間的早晚由上而下排列，但發現年份或順序不明時，則按照原子序排列。

1807年，英國化學家戴維使用「電解法」發現鉀（K），之後又接連發現鈉（Na）、鈣（Ca）、鎂（Mg）、鍶（Sr）、鋇（Ba）。

1860年，德國化學家基爾霍夫與本生透過分析「焰色反應」的光波長，發現銫（Cs），成為第一例以「光譜學」發現的元素。

1669年，德國鍊金術師布蘭德發現磷（P），成為第一個人類發現新元素的明確紀錄。

1869年，俄國化學家門得列夫製作出週期表。

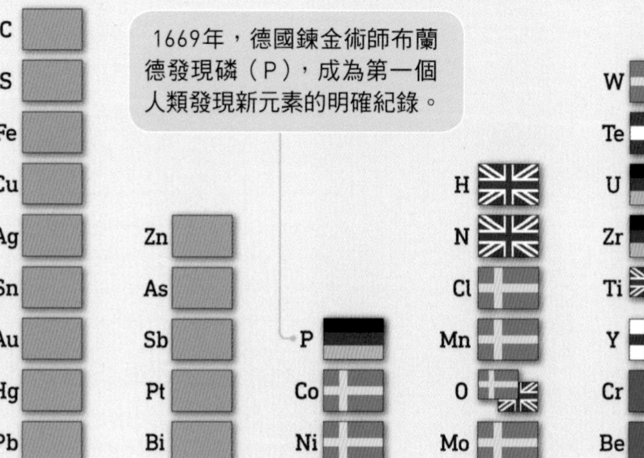

並不清楚。在留有明確紀錄的元素中，發現年份最古老的是1669年的磷（P），由德國鍊金術師布蘭德（Hennig Brand，約1630～1692），透過加熱多達60桶的人尿，最後分離出磷。

觀察元素發現的歷史，就能得知關鍵在於數次的「技術革命」，透過下圖來看看吧！

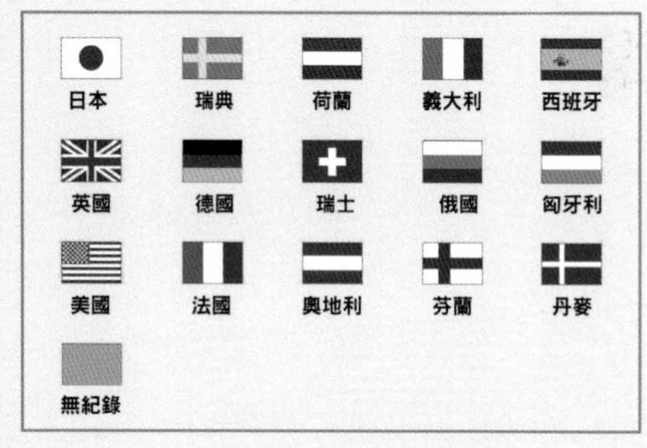

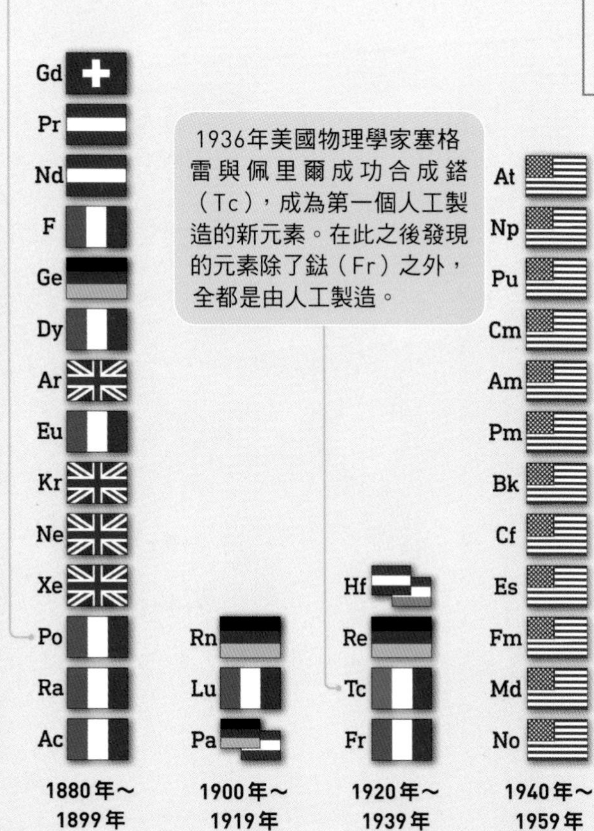

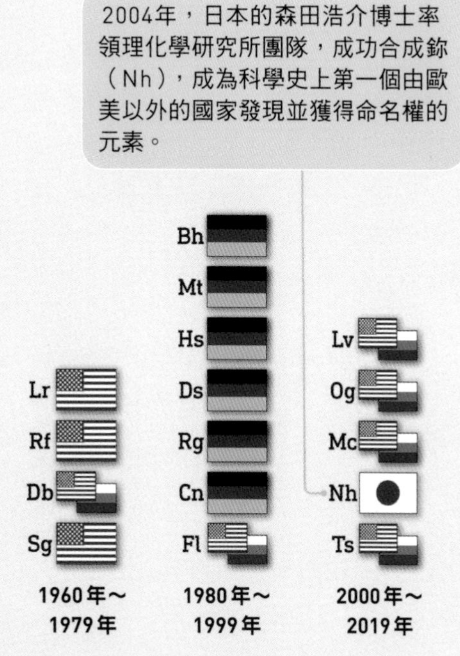

相連的原子或分子

原子連結的三種形式

依靠電子的作用將原子連結起來

原子連結的方式

圖為三種基本的化學鍵（原子與原子間連結的方式）。

原子之間可藉由原子擁有的電子發揮作用連結起來。這些連結方式大致可分為「離子鍵」、「共價鍵」和「金屬鍵」三種。

食鹽的原子以「離子鍵」連結，是最貼近生活的例子。離子鍵是指失去電子而帶正電的「陽離子」，與獲得電子而帶負電的「陰離子」，因為靜電吸引力而互相連結的鍵結。

美麗而稀有的鑽石，則是原子以「共價鍵」連結的例子。共價鍵是指原子間透過共用電子互相連結的鍵結。藉由共用電子把空位補滿，就像是最外層沒有空位一樣。

金錠（金塊、金條）是許許多多金原子（Au）以「金屬鍵」連結成的晶體。金屬鍵是指金屬原子靠最外殼層的電子，在多個原子間自由移動而互相連結的鍵結。

離子鍵

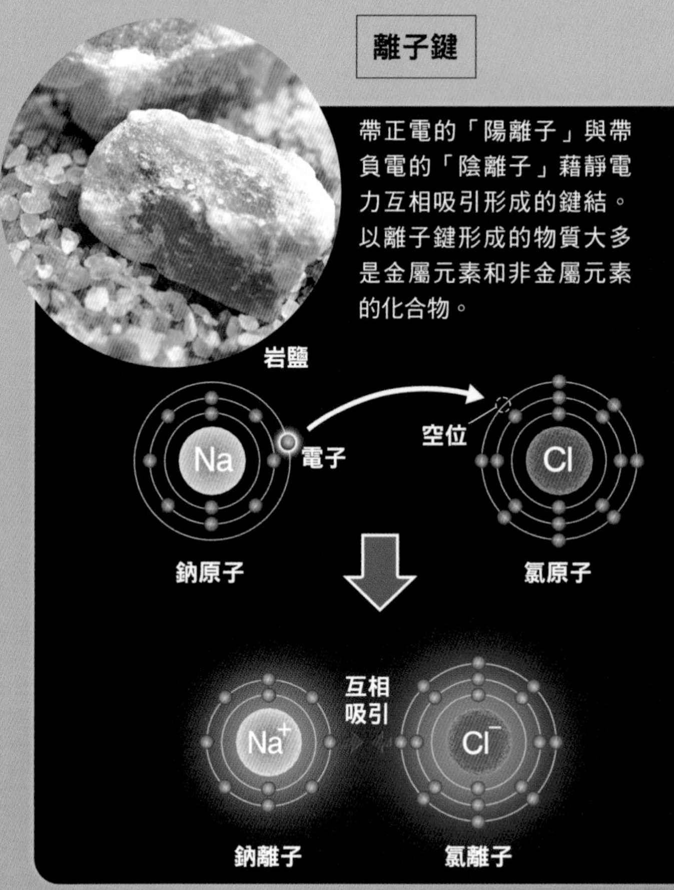

帶正電的「陽離子」與帶負電的「陰離子」藉靜電力互相吸引形成的鍵結。以離子鍵形成的物質大多是金屬元素和非金屬元素的化合物。

共價鍵

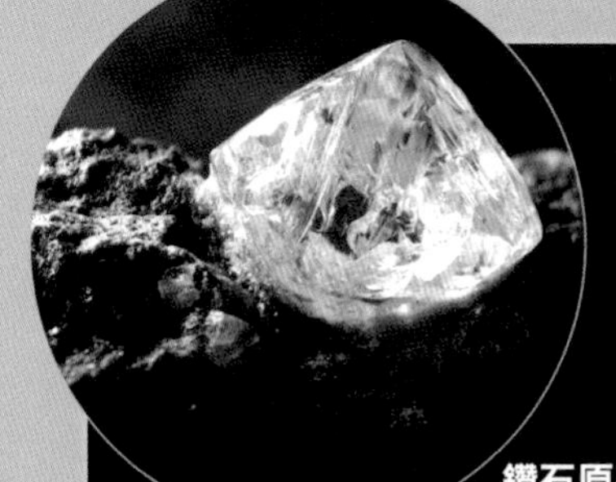
鑽石原石

原子間靠共用電子相連的鍵結。透過共用電子互相補足，可讓最外層沒有空位。

碳原子

空位

C

L殼層的電子最多8個

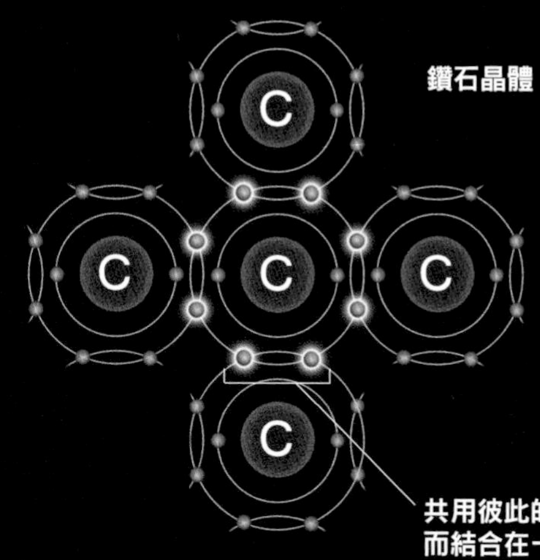

鑽石晶體

金屬鍵

金

金屬元素集合在一起形成晶體的鍵結。全部的金屬元素共用每個金屬元素最外層的電子。

最外層電子

Au

金原子

自由電子

Au Au Au Au Au Au

註：省略最外層以外的電子。

連結分子與分子的「氫鍵」

彎成く字形的水分子帶有極性

現在來看看分子與分子間的鍵結吧。在離子鍵的情況中，電子在原子間轉移後，一邊的原子（離子）會帶正電，另一邊則會帶負電；而共價鍵也是如此，當不同種類的原子連結時，共用的電子會偏向其中一邊的原子，而讓原子帶有些微的正電與負電。這種性質稱為「極性」。

水分子（H_2O）是一個氧原子（O）與兩個氫原子（H）以共價鍵連結的物質。由於氧原子吸引電子的力量比氫原子強，所以氧原子側會帶些微負電，氫原子側則帶些微正電。再加上水分子會彎成「く字形」，以整個分子來看也帶有極性。

在水分子的集合體水或冰裡，水分子會以正電和負電的吸引力連結彼此，這稱為水分子的「氫鍵」。

水分子以「氫鍵」相連

氣態水（水蒸氣）的水分子是一個個分散的，而液態水或固態水（冰）的水分子，則是以氫鍵彼此連結起來。

在液態水中，水分子和其他水分子會一下形成氫鍵、一下又切斷氫鍵，同時不斷移動。相對於水，冰在構造上的空隙較多（使密度較小），所以會浮在水上。

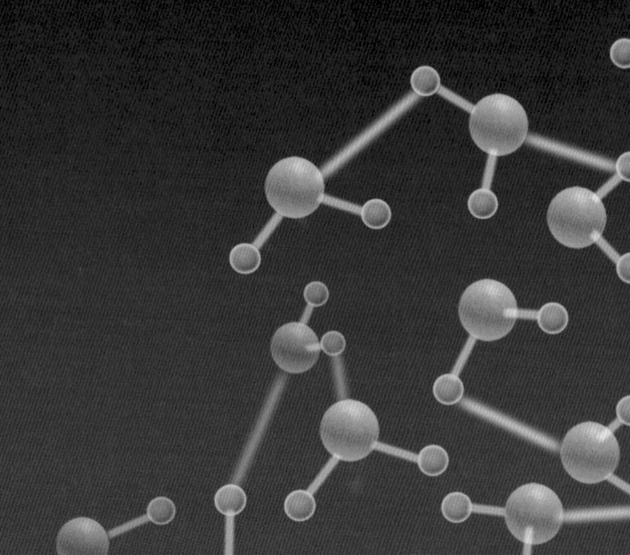

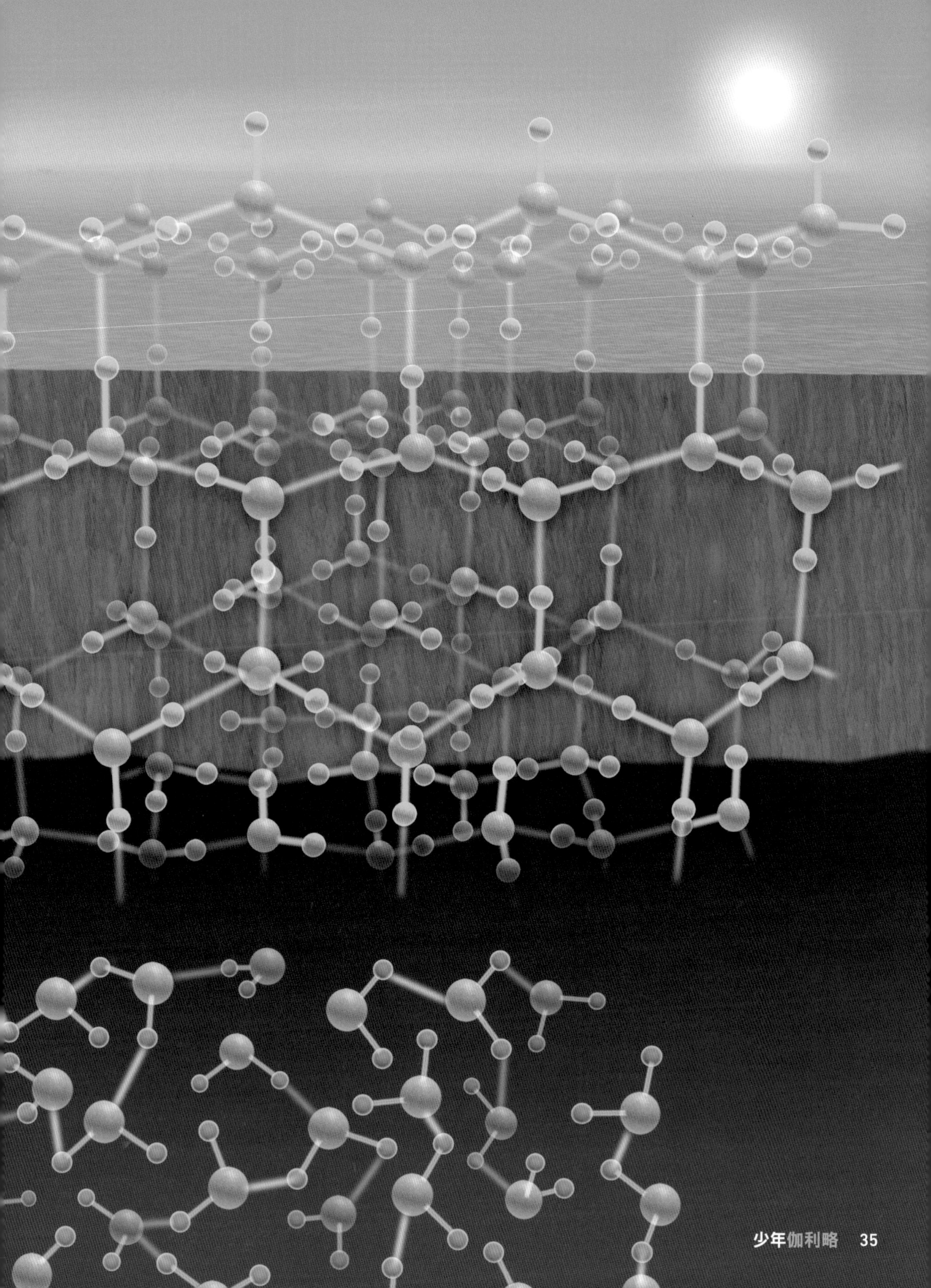

相連的原子或分子

作用在所有分子上的「凡得瓦力」

分子內電荷分布不均使分子與分子互相吸引

氫分子瞬間的電荷偏移

氫分子中兩個氫原子共用的電子在某種程度上可以自由移動，因此當兩個電子偏向氫分子的左側時，左側會帶負電；偏向氫分子的右側時，右側會帶負電。

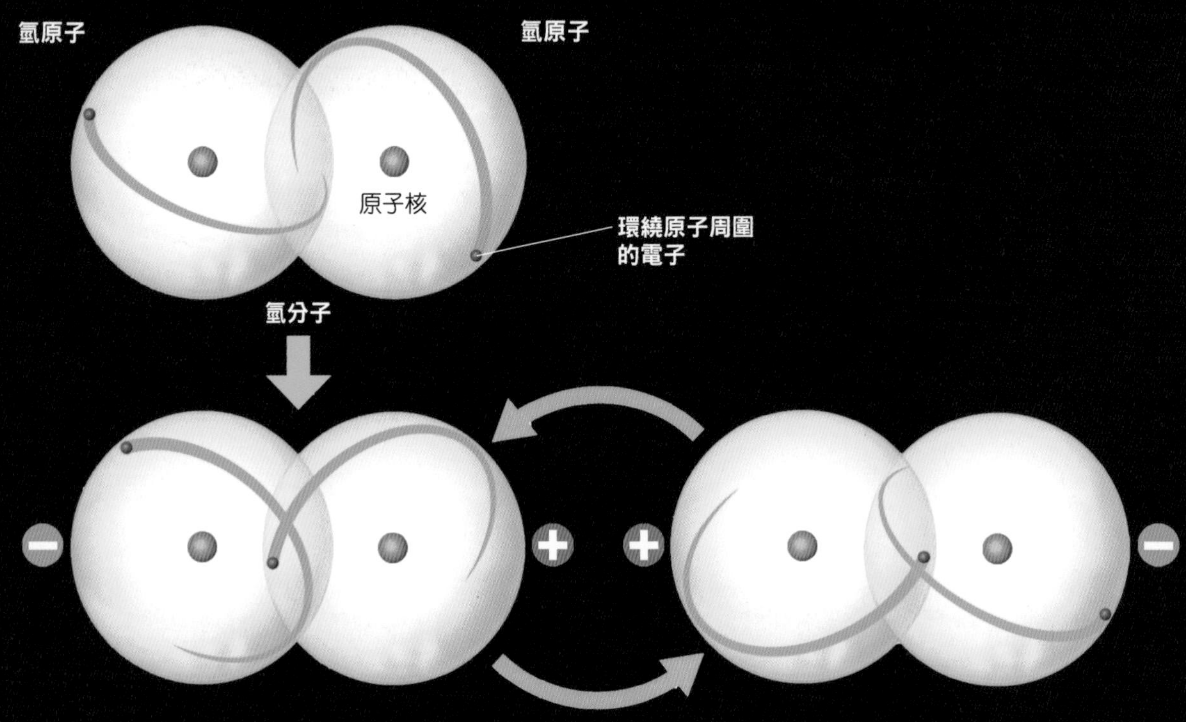

氫冷卻後會變成液態氫。此時作用在氫分子（H_2）之間的引力稱為「凡得瓦力」。荷蘭物理學家凡得瓦（Johannes van der Waals，1837～1923）曾經提及這種力，後人便以他的名字稱其為凡得瓦力。

為什麼會產生凡得瓦力呢？氫分子的兩個氫原子共用彼此擁有的電子，電荷分布看似是平均的，但若將時間停在某個瞬間來看，兩個電子應該會偏向左側或偏向右側。這種瞬間的電荷分布不均會發生在所有分子上，電荷分布不均會傳播給周圍的分子，最後靜電力就開始發揮作用。像這樣因分子內電荷分布不均而產生的吸引力，就是凡得瓦力的本質。

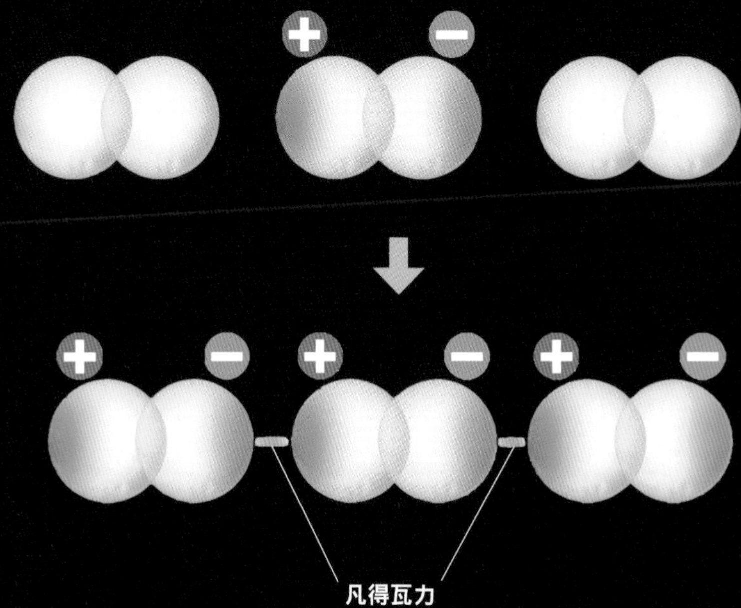

電荷分布不均會「傳染」

上圖中有並排的三個氫分子，中間的氫分子產生了瞬間的電荷分布不均（上排），接著兩個相鄰氫分子內的電子，受到這種電荷分布不均吸引，使得這兩個氫分子也出現了電荷分布不均（下排），如此一來，三個分子就會互相吸引。

相連的原子或分子

分子排列規律的「晶體」

鑽石和黃金都會形成晶體

若從原子的層級來看固體，許多固體的原子或分子會重覆出現具有方向性的規律排列方式，這就稱為「晶體」(crystal)。

水晶被透明且呈多角形的面包圍。無論哪種晶體，相對應的面與面形成的角度總是相同。這種規律的形狀之所以會一直出現，是因為晶體內部原子或分子的排列在整個晶體中擁有規

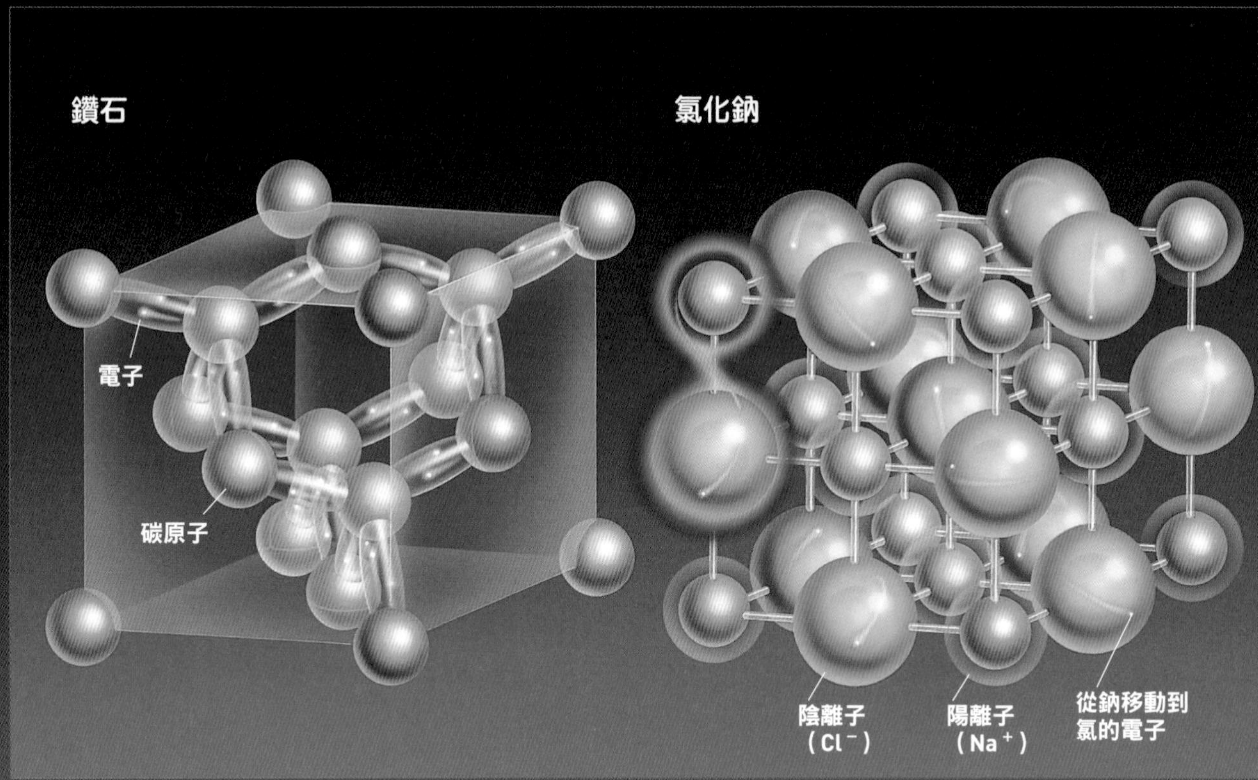

以共價鍵形成的晶體

鑽石是僅由碳原子以共價鍵形成的共價晶體，擁有獨特的多空隙結構。

以離子鍵形成的晶體

食鹽是離子晶體。陽離子Na^+會吸引旁邊的陰離子Cl^-，Cl^-也會吸引Na^+。在食鹽中，陽離子Na^+會進入陰離子Cl^-的空隙間，呈現Na^+與Cl^-交錯的規律排列。

律的方向性。

固體若像這樣是連續晶體者稱為「單晶」。實際上的固體大多是不透明、由粉末聚集形成的東西，把這個東西放在顯微鏡下看，會發現一粒一粒的粉末都是微小的單晶。單晶的聚合體稱為「多晶」。

另外鐵和銅等金屬一般被認為是單晶，但其實也是由微小單晶聚集成的多晶。

晶體根據鍵結的種類還可分為「離子晶體」、「金屬晶體」以及「共價晶體」。

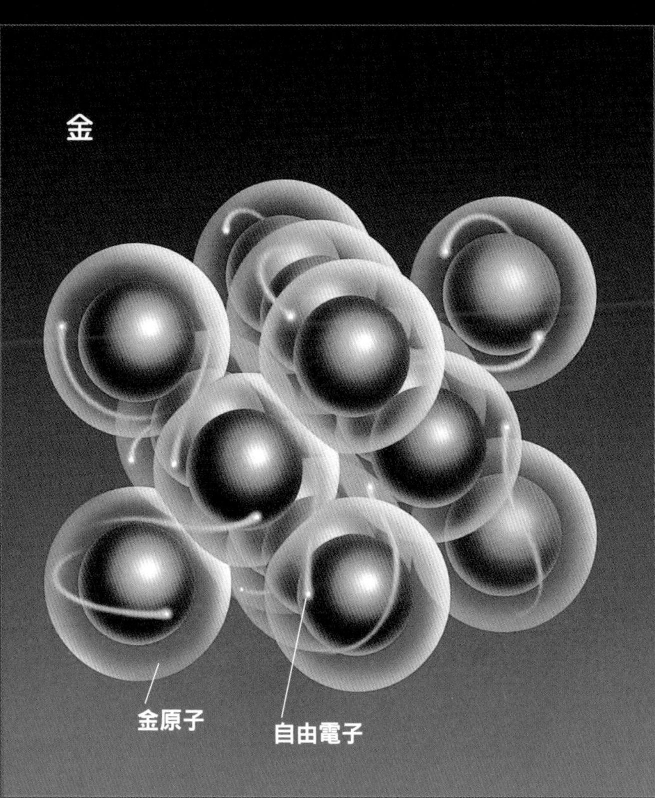

以金屬鍵形成的晶體

金由同樣大小的金屬原子組成，金屬晶體會盡可能緊密地堆在一起。

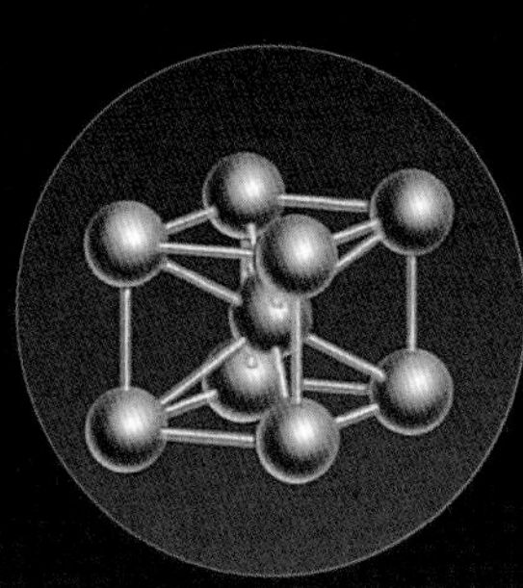

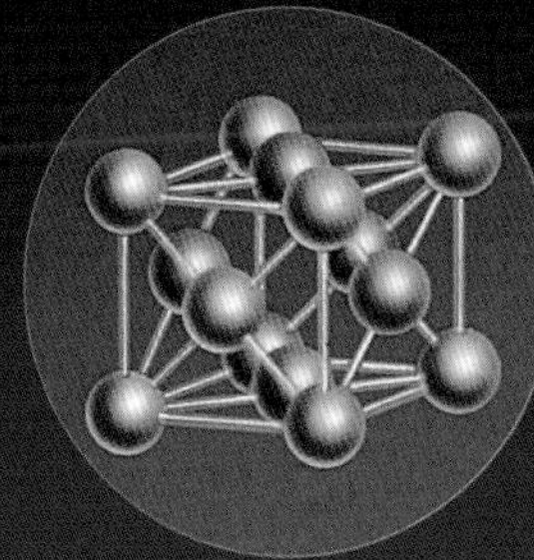

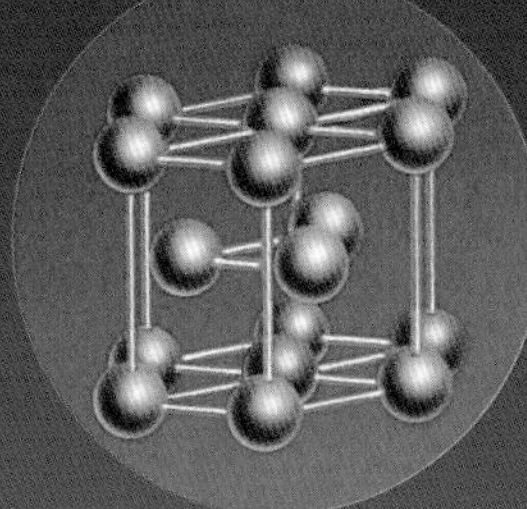

金屬晶體的結構

晶體是粒子集中以最穩定方式排列的物體。假設粒子都是相同大小的球，若將球堆得緊緊的，便會形成「六方密積晶格結構」和「立方最密堆積結構」，也可能會形成空隙稍多的「體心立方堆積結構」。

相連的原子或分子

氣態、液態和固態的差異是如何產生的？

關鍵在於分子運動的激烈程度

我們通常把原子或分子運動的激烈程度（動能）稱為「溫度」，也就是說，溫度越高時分子的活動就越激烈，溫度越低時分子的活動就越緩慢。一般來說，物質從高溫到低溫會呈現氣態、液態、固態這三種狀態（物質的三態）。

氣態是分子以高速移動的狀態，分子本身也會旋轉或伸縮振動。依分子的密度而定，氣體分子也會頻繁地互相撞擊。原子或分子之間接近到適當的距離後，就會受到彼此引力的影響。當氣體的溫度下降，分子的速度變慢，就會因引力而集中，這就是液態；當溫度再進一步下降，分子變得無法自由移動而停在固定一處，這就是固態。然而即使是固態，原子或分子也並非靜止不動。

物質的三態

原子或分子激烈運動（溫度較高）時，原子或分子會自由地飛來飛去（氣態）。當原子或分子的運動慢下來（溫度下降）後，原子或分子會變得集中（液態）。原子或分子的運動更加緩慢之後，原子或分子會因為引力而結合，並且只在原地振動（固態）。

氣態

原子或分子自由飛舞的狀態。

白煙是細小的水滴而不是水蒸氣，水蒸氣是透明無色的。

撞擊

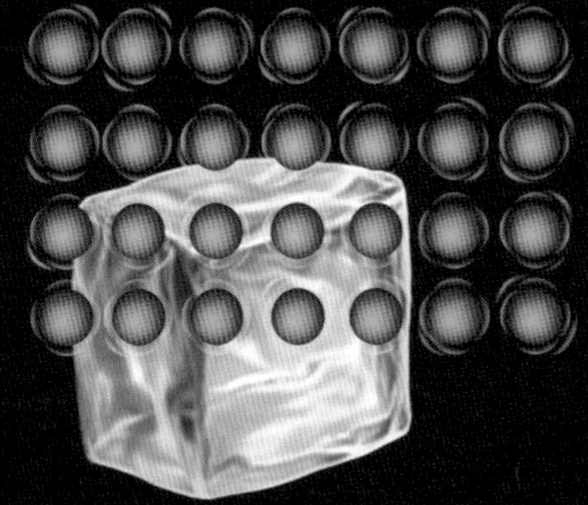

凝華

固態

原子或分子在原地振動的狀態。

當物質狀態改變時會伴隨熱量的進出，例如某物質蒸發時需要的熱量，會等於此物質凝結時產生的熱量。

液態

原子或分子集中且能自由移動的狀態。

相連的原子或分子

為什麼零食袋在飛機上會鼓起來？

因為氣壓降低，使壓力與推力逆轉了

你曾經看過零食袋在飛機上或高山上膨起來，脹得鼓鼓的嗎？越往高處，空氣就越稀薄，氣壓也越低，飛機內雖然會調整氣壓，但仍然只有地面上的0.7倍左右。而施加在袋子上的壓力變小，從外側壓住袋中氣體的力量就變弱，如此一來，袋中氣體往外推的力量就會變強，袋子就因此鼓起來了。

表示上述已知壓力等條件時，氣體會如何變化的公式稱為「理想氣體方程式：$PV=nRT$」。理想氣體方程式是用來表示氣體壓力（P）與體積（V）和溫度（T）之間的關係（n是莫耳數、R是氣體常數），在密閉空間中的氣體皆會遵循這個公式。

零食袋在飛機上會鼓起來

若是把零食帶上飛機，在高空中袋子會脹得鼓鼓的，這是因為袋中氣體因周圍氣壓下降而膨脹所產生的現象。

起飛前的零食袋子

袋裡的壓力（P）：大
袋子的體積（V）：小

在高空中鼓起來的零食袋

袋裡的壓力（P）：小
袋子的體積（V）：大

理想氣體方程式
表示氣體壓力、體積及溫度之間關係的公式。

$$PV = nRT$$

P：壓力 [Pa]
V：體積 [L]
n：莫耳數 [mol]
R：氣體常數 [Pa・L/(K・mol)]
T：絕對溫度 [K]

Column

Coffee Break

足球狀或水管狀的分子

美麗耀眼的鑽石、漆黑鉛筆芯的主成分石墨（graphite），都僅由碳這一種元素構成。只由碳構成的物質還有足球狀的分子「富勒烯」（fullerene），以及筒狀的分子「奈米碳管」等。

「碳纖維」（carbon fiber）在近

這個是碳，那也是碳

圖中為碳的單純物質（同素異形體），有鑽石、石墨、富勒烯、奈米碳管，以及90%以上由碳組成的碳纖維。每個物質的構造都是一個碳原子以四隻手連結隔壁的碳原子。

鑽石

以碳原子的正四面體結構重覆出現所形成的超堅硬物質。

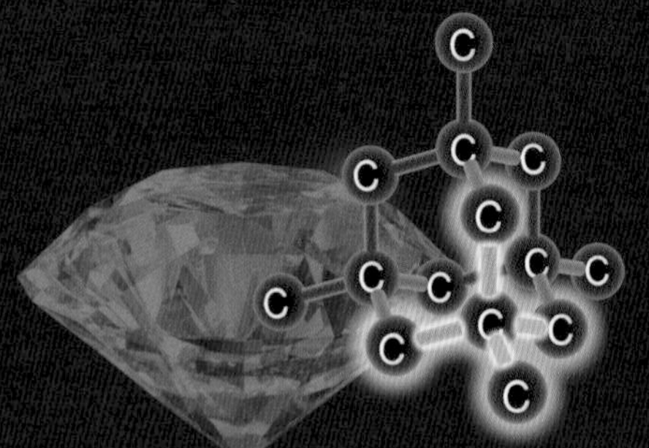

石墨

呈現層層堆疊，每個層中布滿了由碳原子組成的六角形結構。是鉛筆芯的主成分。

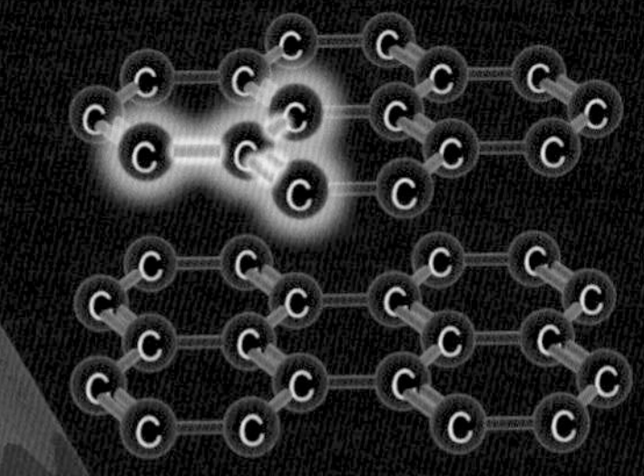

年來需求量大增，碳纖維的碳跟石墨等物質一樣，結構中布滿了碳原子組成的六角形（右下圖）。日本工業標準中規定，重量的90%以上為碳者稱為碳纖維。

碳纖維的優點是質輕而強韌，擁有鐵（Fe）十倍的強度，重量（密度）卻只有鐵的四分之一。碳纖維會用於網球拍、腳踏車車架、飛機機身等各種要求強韌兼具輕盈的用途。

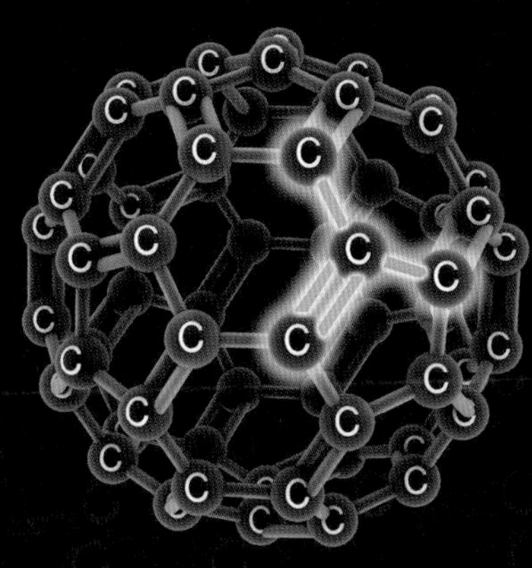

富勒烯（C_{60}）

由60個碳組成的物質，呈現足球狀結構。目前正在進行將其運用於超導體及蓄電池等材料的研究。

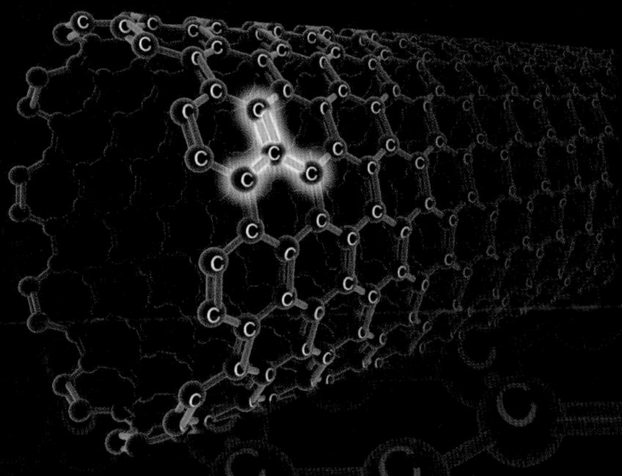

奈米碳管

具有以碳原子連結成筒狀的結構。目前正在進行將其運用於高韌性纜繩、新型半導體等材料的研究。

碳纖維

是將壓克力等有機高分子以高溫加熱進行碳化（去除碳以外的分子）後的物質。

改變原子配置的就是「化學反應」

水也是透過化學反應而形成

化學反應指的是分子與分子互相撞擊，因撞擊而釋放出原子，或與其他原子產生連結的反應，因此構成分子的原子組合會發生變化，產生出與反應前性質相異的別種分子。冰融化成水只是分子連結的強度改變，水分子本身並沒有發生變化，所以並非化學反應。

舉例來說，將氧分子和氫分子混合後施加熱能或電能，會發生爆炸性的反應，並產生水這種性質不同的分子。像這樣的反應就稱為化學反應，寫成反應式如下：

$$2H_2+O_2 \rightarrow 2H_2O$$

化學反應在日常生活中也很常見，物質燃燒是物質與氧氣結合的化學反應，人體呼吸也是吸進氧氣、燃燒體內葡萄糖等養分的化學反應。

由於化學反應是因分子撞擊而發生，所以經過加熱後，分子運動會變得激烈，進而觸發反應或讓反應速度加快。

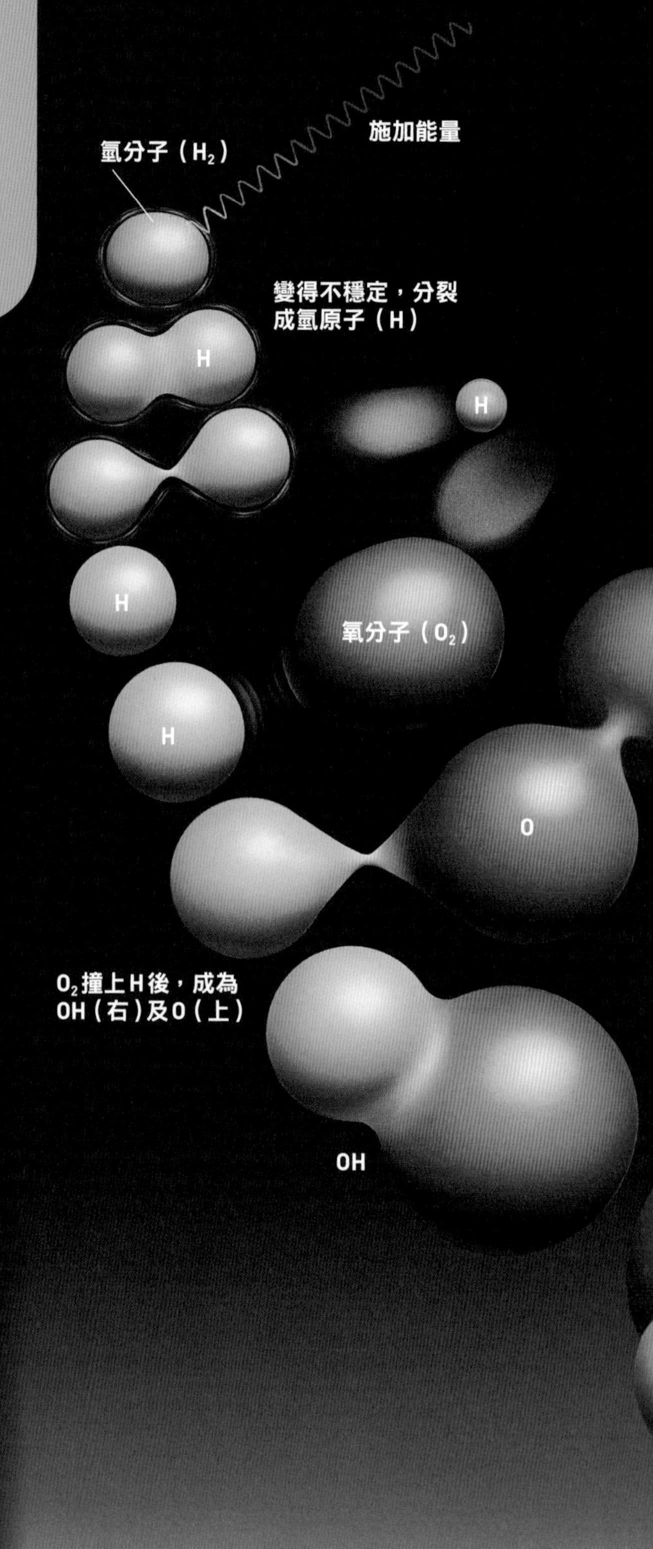

水分子的生成

氫和氧是容易產生化學反應的元素，但僅以分子的狀態接觸不會起反應。在施加光能或熱能增加分子的動能後，分子會分裂成原子或是彼此撞擊，反應隨即開始，也就生成了水分子。

穩定下來的
水分子（H_2O）

H

H_2

H_2

OH

H_2撞上OH形成水
分子（H_2O）及H

H_2

OH

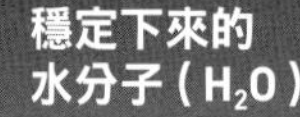

H_2撞上OH形成
水分子（H_2O）及H

在使用電池的實驗中發現了離子

離子分為陽離子和陰離子

英國化學家法拉第（Michael Faraday，1791～1867）在用1800年發明的「伏打電池」來進行實驗時，獨自闡明了物質分解的原理，並將分解後的物質命名為「離子」。

到了20世紀，隨著原子構造的闡明，離子的真面目也逐漸為人所知。所有原子的質子與電子數量都是相同的，但在離子中，質子與電子的數量不同。

質子帶正電（電荷），電子帶負電（電荷），若是帶正電荷的質子數量多於帶負電荷的電子，整個離子就會帶正電，這就是「陽離子」。相反的，若是電子數多於質子數，整個離子就會帶負電，這就是「陰離子」。

離子的質子數與電子數不同

來比較看看原子和離子吧。右上的圖是結構的示意圖，下方則將質子與電子並列，讓數量能一目瞭然。原子核是由帶正電的質子與中子構成。圖中以數字表示質子數，無論哪個離子的質子數與電子數都不同。

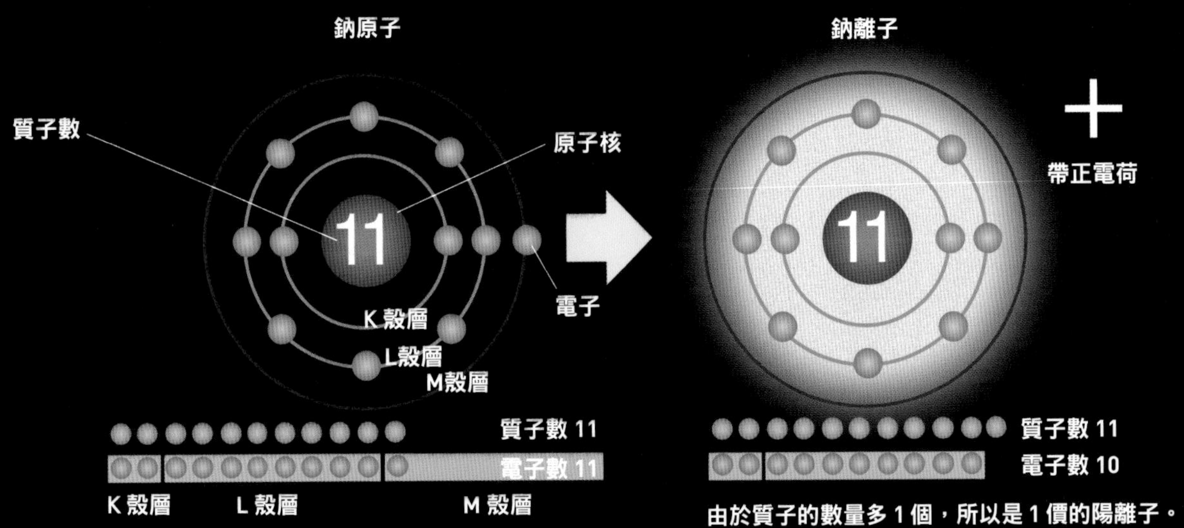

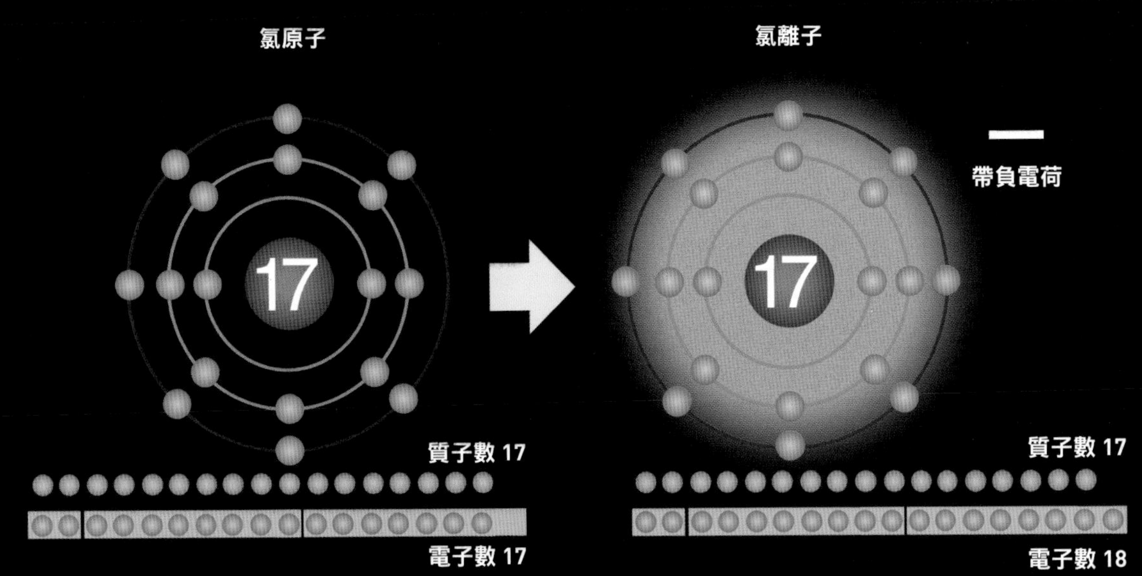

由於電子的數量多 1 個，所以是 1 價的陰離子。

化學反應的奧妙

鹽在離子散開後溶入水中

被水分子帶走的離子

當鹽（氯化鈉）溶在水裡時，水裡究竟發生了什麼事呢？

當我們說物質溶在水裡，指的是物質和水分子均勻混合了。鹽由鈉離子與氯離子交互排列形成，然而一旦進入水中，這兩種原本彼此相連的離子便會散開。

一個水分子中有帶些微正電的部分與帶些微負電的部分，因此當鹽進入水中時，帶正電荷的鈉離子會與水分子帶負電的部分互相吸引，帶負電荷的氯離子會與水分子帶正電的部分互相吸引。接著離子會在好幾個水分子的包圍下，從鹽的固體中被抽出來。

像鹽這樣在水中會分解成離子的物質稱為「電解質」，相反的，在水中不會分解成離子的物質就稱為「非電解質」。

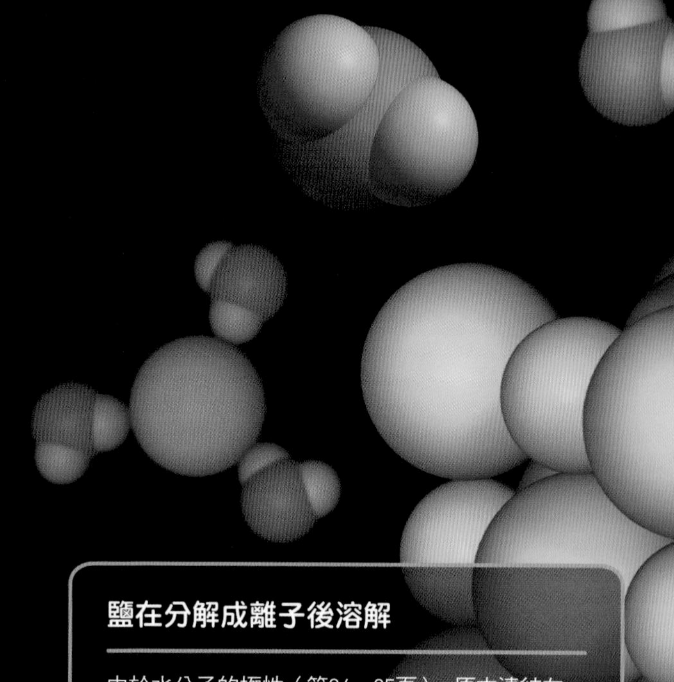

鹽在分解成離子後溶解

由於水分子的極性（第34～35頁），原本連結在一起的氯離子和鈉離子會分開並溶入水中。氯離子被水分子帶正電的部分包圍，鈉離子被水分子帶負電的部分包圍，與水分子混合，溶入其中。

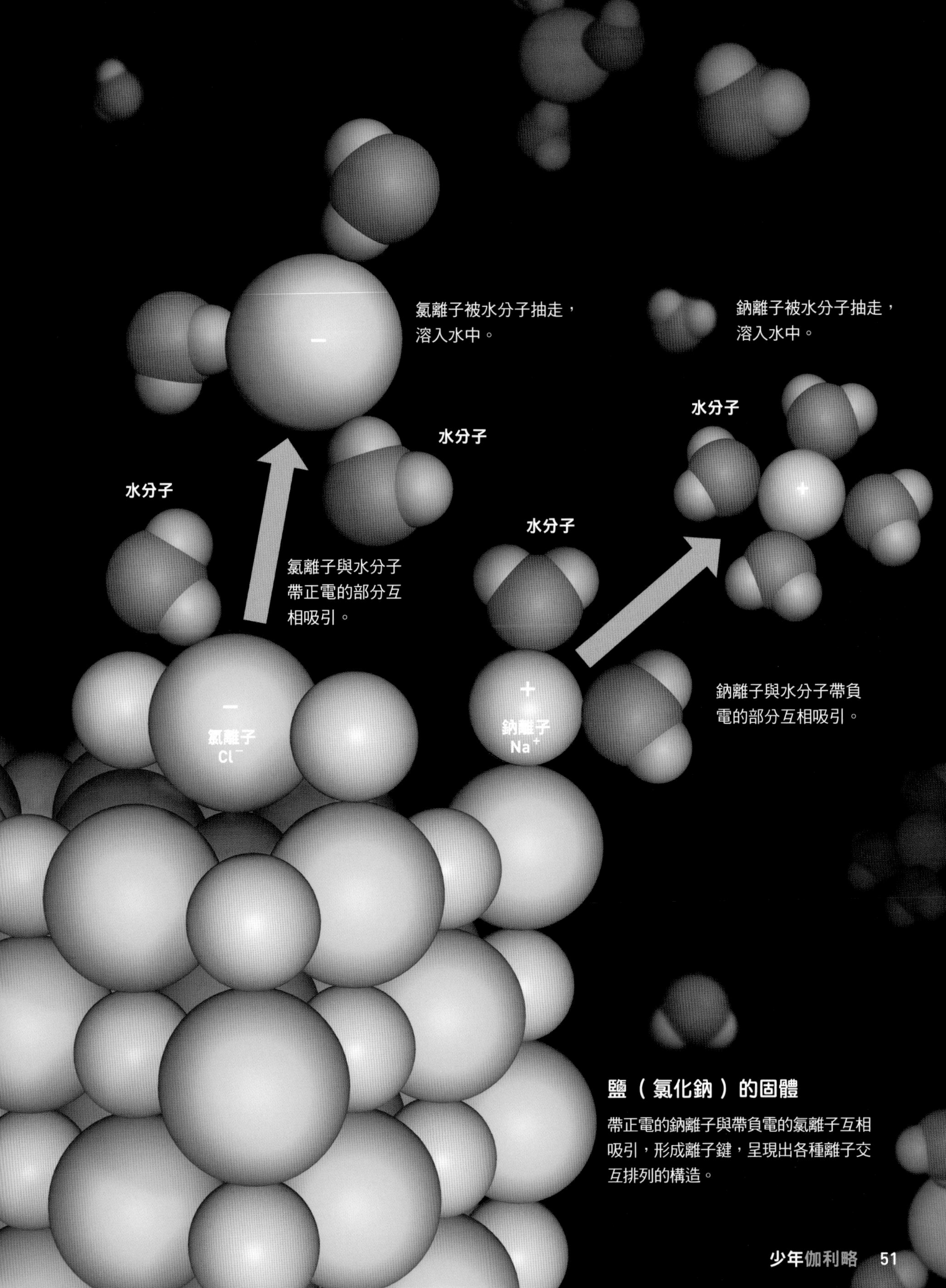
氯離子被水分子抽走，
溶入水中。
鈉離子被水分子抽走，
溶入水中。
水分子
水分子
水分子
水分子
氯離子與水分子
帶正電的部分互
相吸引。
鈉離子與水分子帶負
電的部分互相吸引。
氯離子
Cl⁻
鈉離子
Na⁺

鹽（氯化鈉）的固體

帶正電的鈉離子與帶負電的氯離子互相吸引，形成離子鍵，呈現出各種離子交互排列的構造。

化學反應的奧妙

以中和反應製造汽水

酸性與鹼性互相抵消

酸溜溜的葡萄柚酸味來自檸檬酸（C（OH）（CH_2COOH）$_2$ COOH）這種「酸」。葡萄柚加上砂糖會變得比較好入口，而撒上食用小蘇打粉（碳酸氫鈉，$NaHCO_3$）也是方法之一。

另一方面，小蘇打粉是與酸相對的「鹼」，溶在水裡會生成「氫氧根離子」（OH^-）。鹼的水溶液所擁有的特性稱為「鹼性」。當小蘇打粉與檸檬酸反應後，鹼性與酸性互相抵消，酸

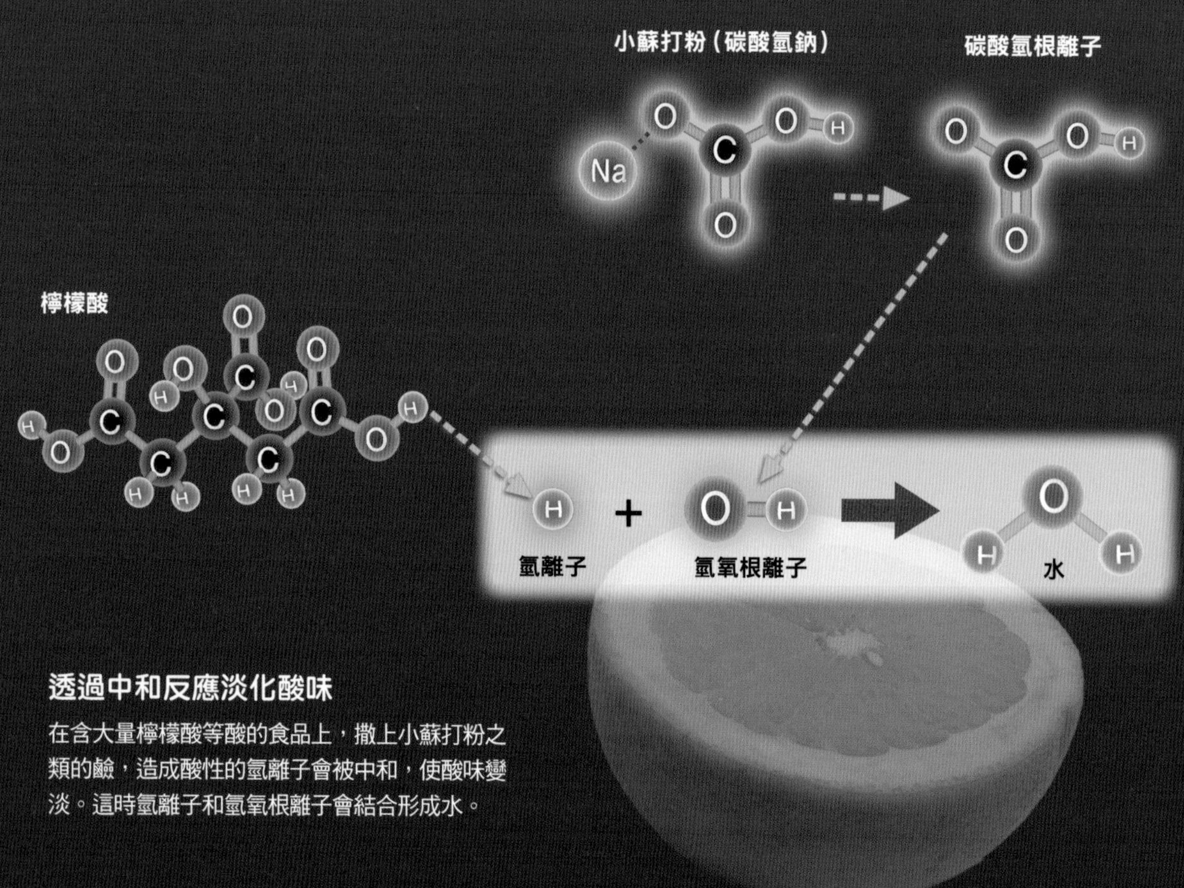

透過中和反應淡化酸味

在含大量檸檬酸等酸的食品上，撒上小蘇打粉之類的鹼，造成酸性的氫離子會被中和，使酸味變淡。這時氫離子和氫氧根離子會結合形成水。

味就變淡了。這種酸性與鹼性互相抵消的反應稱為「中和」。

其實，檸檬酸與小蘇打粉的中和反應中不只會產生水，也會產生二氧化碳（CO_2）。在水中加入食用小蘇打粉和食用檸檬酸攪拌後，會發生中和反應，這時由於二氧化碳氣體跟著水一起產生，就成了有啵啵氣泡的汽水。

[小實驗]利用中和反應製造汽水

在500毫升的水中加入檸檬酸和小蘇打粉各一茶匙。在此之前要特別注意，這裡所使用的檸檬酸和小蘇打粉都必須是食用級，不可以是清潔用的，而由於水溫較高時，二氧化碳很快就會跑到空氣中，所以訣竅是使用冰水來製作。另一個方法是將檸檬酸和小蘇打粉放在寶特瓶裡溶於水中，以關住二氧化碳，但盛裝茶等飲料的寶特瓶可能會破裂，所以一定要用原本就是用於盛裝汽水的寶特瓶。為了讓汽水更好喝，也可以加入砂糖或果汁。

化學反應的奧妙

促進化學反應的「觸媒」之力

在工業上大顯身手的魔法物質

「光觸媒」因接觸光線後可分解髒汙、淨化空氣而廣為人知。雖然光觸媒能觸發一般環境下難以發生的化學反應，或是加速化學反應的作用，但光觸媒的物質本身在化學反應前後並不會產生變化。像這種雖然參與化學反應，但是在反應前後沒有任何改變的物質，稱之為「觸媒（催化劑）」。光觸媒是一種特殊的物質，僅在有光照的地方才能夠發揮觸媒的作用。

觸媒被應用在日常生活中，例如汽車廢氣中所含的一氧化碳和二氧化氮等有害物質，會先由觸媒分解後再排出。有些廚房的換氣扇濾網也會加上觸媒，分解烤魚時產生的煙霧或氣味成分。

接觸光線淨化空氣

此為光觸媒「二氧化鈦」（TiO_2）表面發生化學反應的示意圖，以二氧化氮的分解反應為例子。

二氧化鈦接觸到紫外線後，會將電子交給空氣中的氧，或是反過來奪走水分子的電子，如此產生的高活性物質，會將二氧化氮和有機物等轉變成易溶於水的低危險性分子，之後在下雨或清洗時，已被分解的分子就會被沖走。

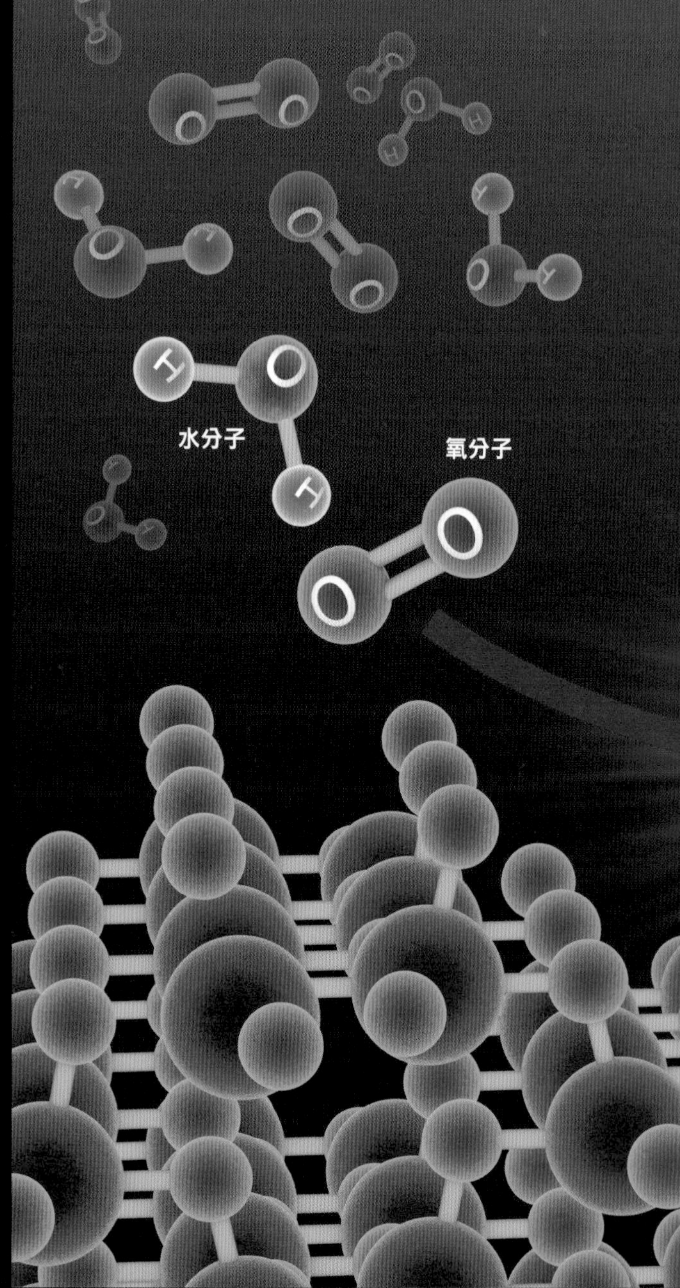

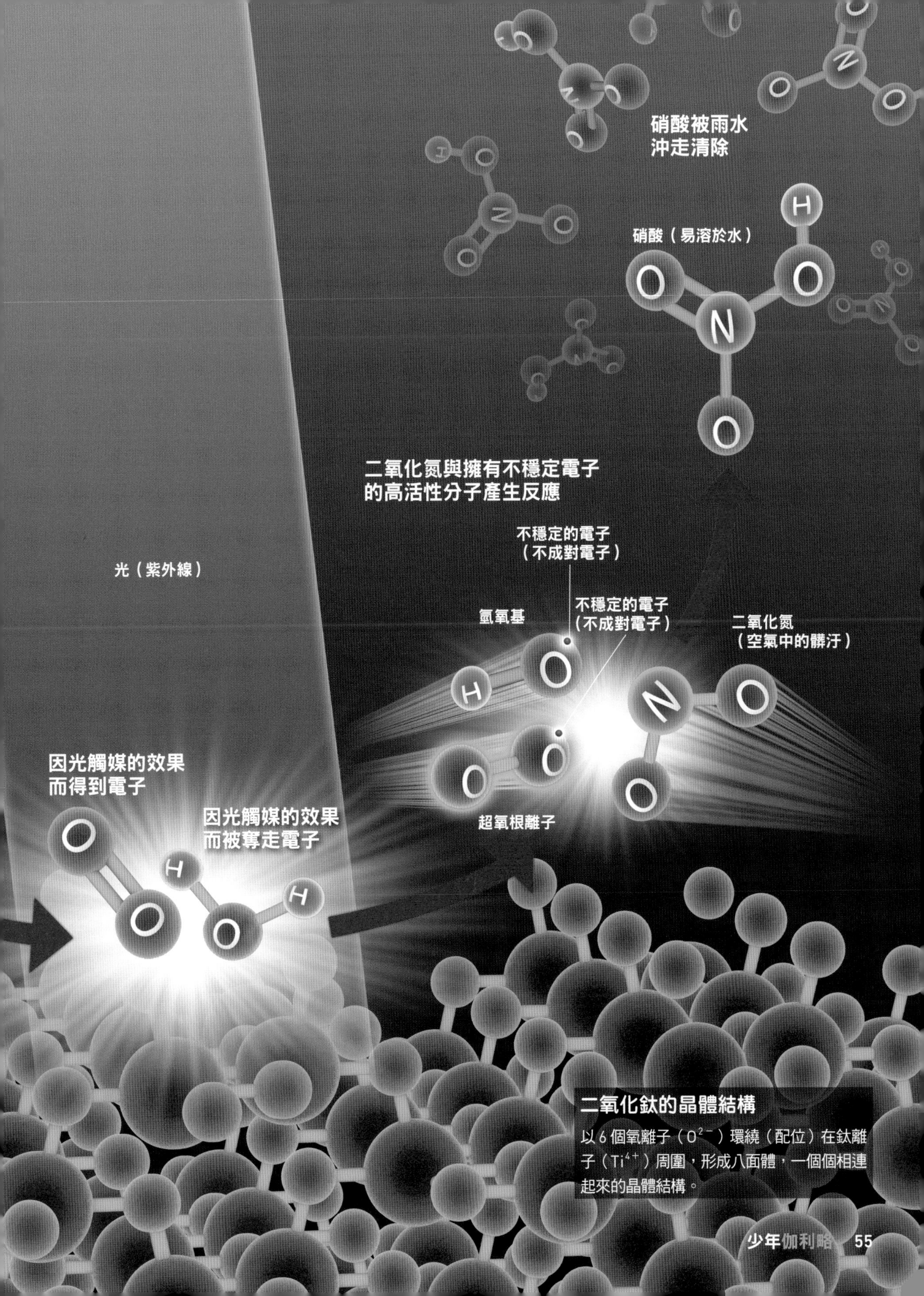

硝酸被雨水
沖走清除

硝酸（易溶於水）

二氧化氮與擁有不穩定電子
的高活性分子產生反應

不穩定的電子
（不成對電子）

光（紫外線）

氫氧基

不穩定的電子
（不成對電子）

二氧化氮
（空氣中的髒汙）

因光觸媒的效果
而得到電子

因光觸媒的效果
而被奪走電子

超氧根離子

二氧化鈦的晶體結構

以6個氧離子（O^{2-}）環繞（配位）在鈦離子（Ti^{4+}）周圍，形成八面體，一個個相連起來的晶體結構。

「生鏽」的原因是與氧氣結合的化學反應

鐵的生鏽從離子流出開始

司空見慣的金屬生鏽全都與「氧化」這種現象有關，那麼氧化究竟是什麼呢？

發生在日常生活中的氧化大多是指「物質與氧原子結合」，例如將銅（Cu）放在氧氣（O_2）中加熱，會變成氧化銅（CuO）。

與氧化相反的現象稱為「還原」，例如一邊將氫氣（H_2）噴在氧化銅（CuO）上一邊加熱，氧化銅就會失去氧而恢復成銅，這時稱氧化銅被還原了※。

常見的鐵生鏽是源於鐵的氧化反應，水附在鐵表面後，鐵會變為離子溶出，並且與空氣中的氧結合，便產生鐵鏽了（如圖）。

※：廣義上，氧化是指「失去電子（交出電子）」，還原是指「接受電子」。

鐵生鏽的反應出乎意料地複雜

溶在水中的氧分子與水分子將電子從鐵抽走，生成鐵離子（Fe^{2+}）和氫氧根離子（OH^-）（1）。生成的鐵離子隨即與氫氧根離子反應，形成紅色的氫氧化鐵（$Fe(OH)_3$），並有一部分附著在鐵板表面。接著又再與氧反應成為氧化鐵（Fe_2O_3）（2），氧化鐵就是紅色鐵鏽的真面目。

$Fe + H_2O + O_2 \rightarrow Fe(OH)_3 \rightarrow FeOOH \rightarrow Fe_2O_3$

（上述並非正確的化學反應式，只是簡單表示鐵鏽生成的順序。）

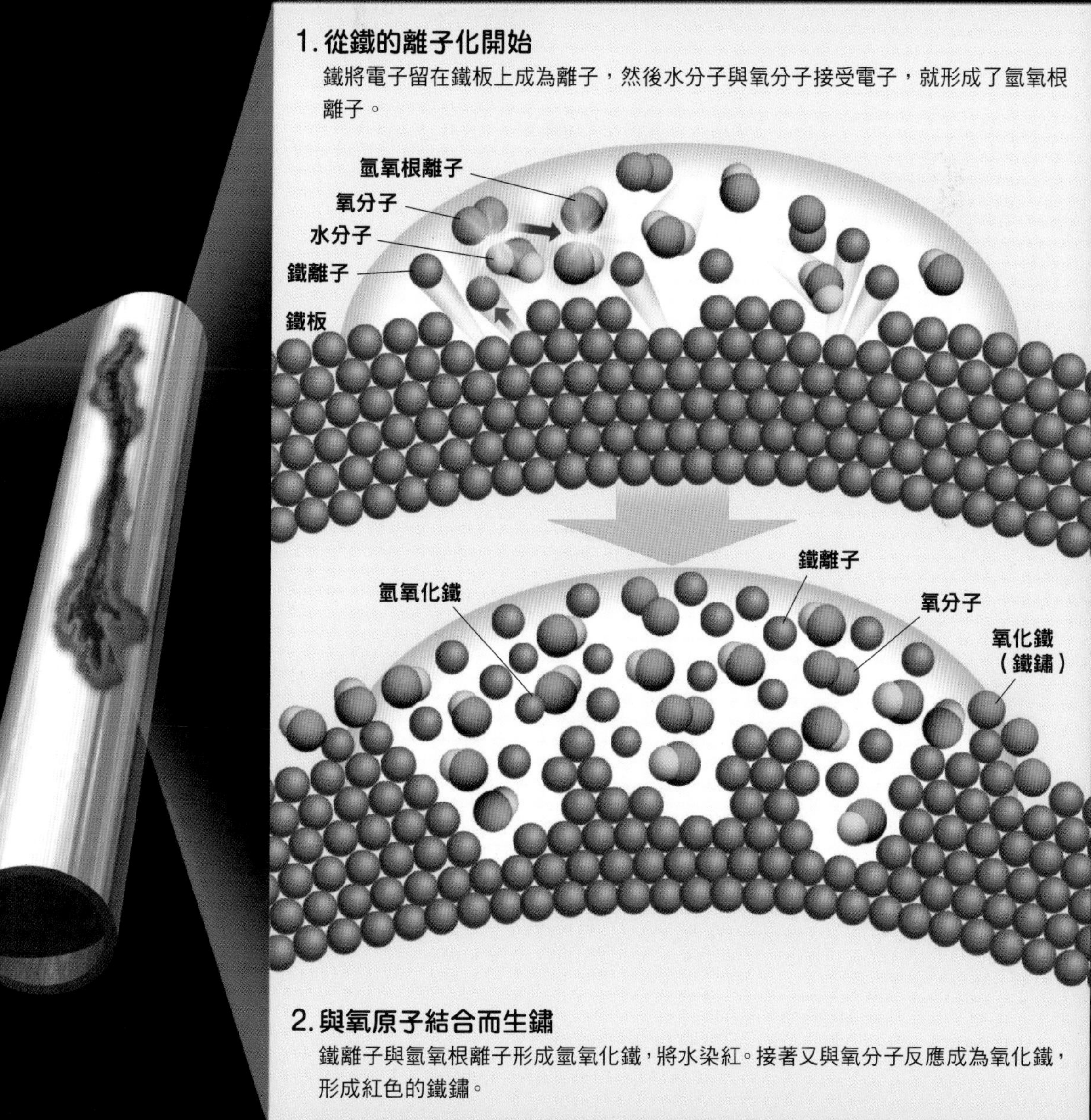

1. 從鐵的離子化開始
鐵將電子留在鐵板上成為離子，然後水分子與氧分子接受電子，就形成了氫氧根離子。
氫氧根離子
氧分子
水分子
鐵離子
鐵板
鐵離子
氫氧化鐵
氧分子
氧化鐵（鐵鏽）
2. 與氧原子結合而生鏽
鐵離子與氫氧根離子形成氫氧化鐵，將水染紅。接著又與氧分子反應成為氧化鐵，形成紅色的鐵鏽。

化學反應的奧妙

蠟燭燃燒的結構意外地複雜

火焰的表面和裡面究竟發生了什麼事？

蠟燭和瓦斯爐的「火焰」都是很常見的東西，但結構其實複雜得令人意外。

蠟是由碳（C）和氫（H）組成的分子所構成的物質，蠟在加熱後會融化，延著燭芯移動，若再繼續加熱，就會化為氣態的蠟。

氣態蠟會與空氣中的氧（O_2）發生急遽的化學反應，生成二氧化碳（CO_2）和水蒸氣（H_2O），同時也會產生光和熱，這個現象叫做「燃燒」。在蠟燭的情況中，氧氣幾乎不會傳到火焰內部，因此火焰內部的氣態蠟會變得像在被「烘烤」一樣，結果就產生了「碳微粒」。

燭火會放出明亮的黃色或橘色光芒，就是因為碳微粒在發光。但究竟是如何從氣態的蠟形成固態的碳微粒，目前還不是很清楚。

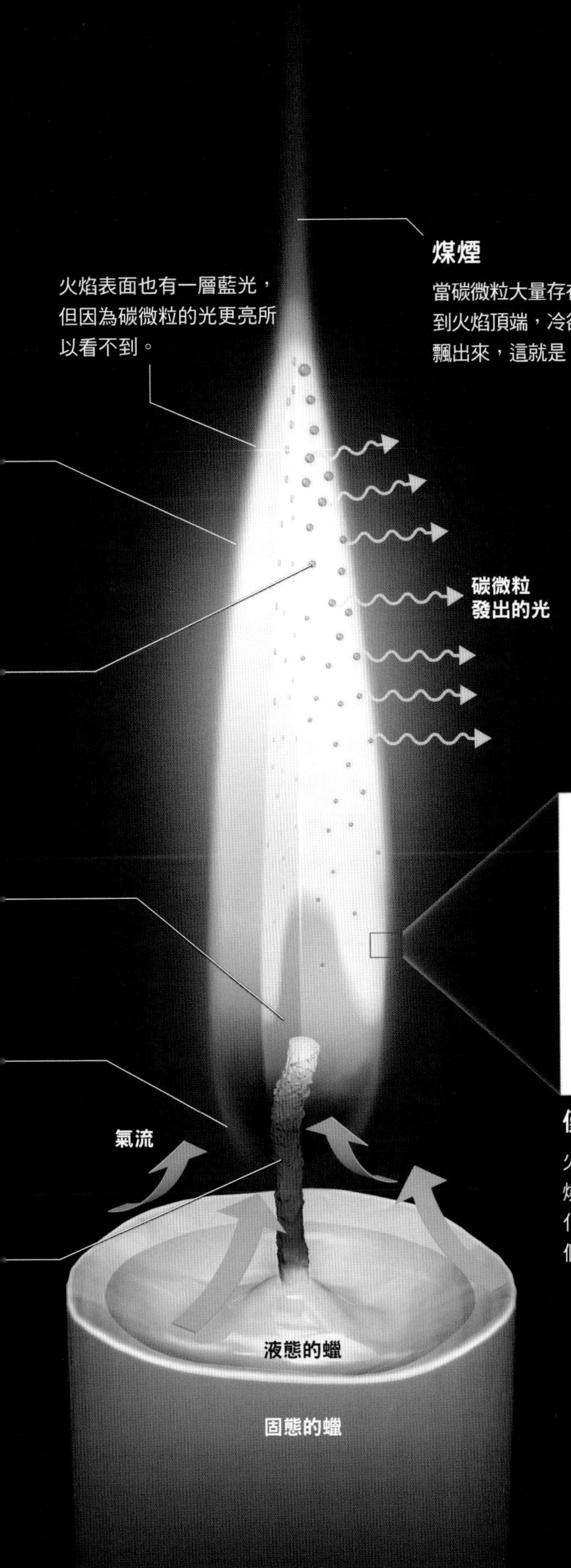

火焰表面也有一層藍光，但因為碳微粒的光更亮所以看不到。

煤煙

當碳微粒大量存在時，會上升到火焰頂端，冷卻後化成黑煙飄出來，這就是「煤煙」。

碳微粒發出的光

氣流

液態的蠟

固態的蠟

產生火焰的燃燒種類

擴散燃燒	預混燃燒
	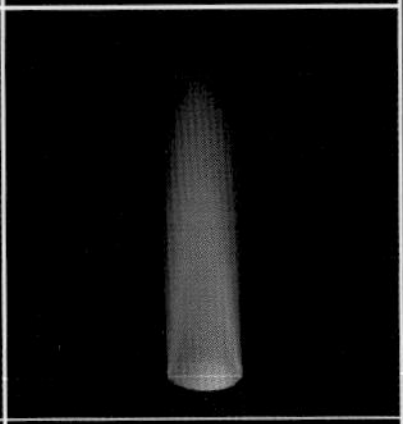
燃燒時燃料和氧氣來自不同的地方。由於火焰的內部會形成碳微粒，因此會發出明亮的光。	燃料與氧氣在事先混合均勻的狀態下燃燒。難以形成碳微粒，所以火焰呈藍色。
例：蠟燭、篝火	**例：瓦斯爐、噴燈**

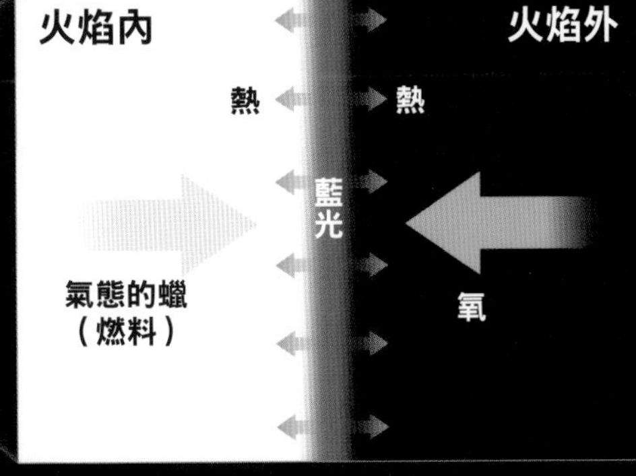

僅有火焰表面發生化學反應

火焰表面的放大圖。氣態蠟和氧的化學反應（燃燒）只發生在火焰表面一層薄薄的區域裡，在此化學反應中生成的不穩定分子會放出藍光，而這個區域裡產生的熱會擴散到火焰的內側和外側。

Column

Coffee Break

鑽石是可燃物

鑽石以極堅硬的物質聞名，一如「寶石」這個稱呼，給人非常強烈的「石頭」印象，但鑽石其實是碳的晶體，而且可以燃燒。

大約在1772～1773年，法國化學家拉瓦節（Antoine-Laurent de Lavoisier，1742～1794）點燃了各式各樣的東西，仔細研究物質燃燒時會發生什麼事。在這個過程中拉瓦節也燃燒了鑽石，並發現當以巨大透鏡集中陽光照射在鑽石上時，升到高溫的鑽石會開始燃燒並產生二氧化碳。

鑽石的燃燒實驗

以A、B兩面巨大透鏡集中陽光，照在放置於G處的鑽石上，進行燃燒實驗。

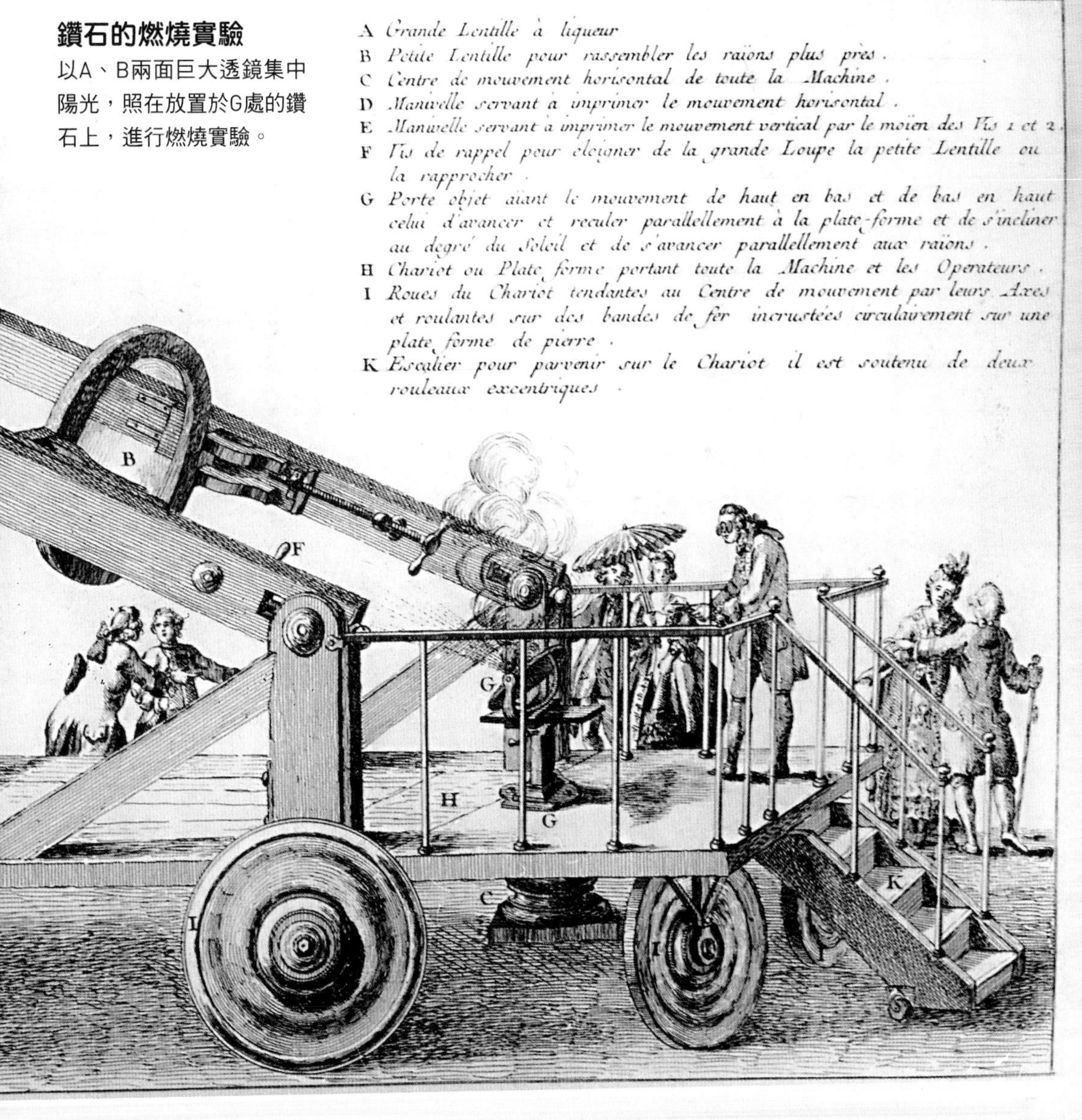

A Grande Lentille à liqueur
B Petite Lentille pour rassembler les raïons plus près.
C Centre de mouvement horisontal de toute la Machine.
D Manivelle servant à imprimer le mouvement horisontal.
E Manivelle servant à imprimer le mouvement vertical par le moïen des Vis 1 et 2.
F Vis de rappel pour eloigner de la grande Loupe la petite Lentille ou la rapprocher.
G Porte objet aiant le mouvement de haut en bas et de bas en haut celui d'avancer et reculer parallellement à la plate-forme et de s'incliner au degré du Soleil et de s'avancer parallellement aux raïons.
H Chariot ou Plate forme portant toute la Machine et les Operateurs.
I Roues du Chariot tendantes au Centre de mouvement par leurs Axes et roulantes sur des bandes de fer incrustées circulairement sur une plate forme de pierre.
K Escalier pour parvenir sur le Chariot il est soutenu de deux rouleaux excentriques.
B
F
G
H
G
C
I
I
K

現代社會不可或缺的有機化學

碳是有機化學的主角

元素連結的方式決定了有機物的性質

現在來看看有機化學吧。

化學大致可分為無機化學與有機化學。現在已知的118種元素產生的幾乎都是無機物。無機物的性質會因含有何種元素、含有的比例高低而異。

另一方面，決定有機物性質的是元素連結的方式。18世紀末發現，有機物是由碳、氫、氧、氮等少許幾種元素組成的。有機物性質的不同並非來自元素的種類，而是來自元素連結的方式。

有機物雖然僅由極小一部分的元素組成，但種類比無機物多非常多。掌握有機物關鍵的是碳原子，而研究由碳所產生之種種物質的化學，就稱為有機化學（organic chemistry）。

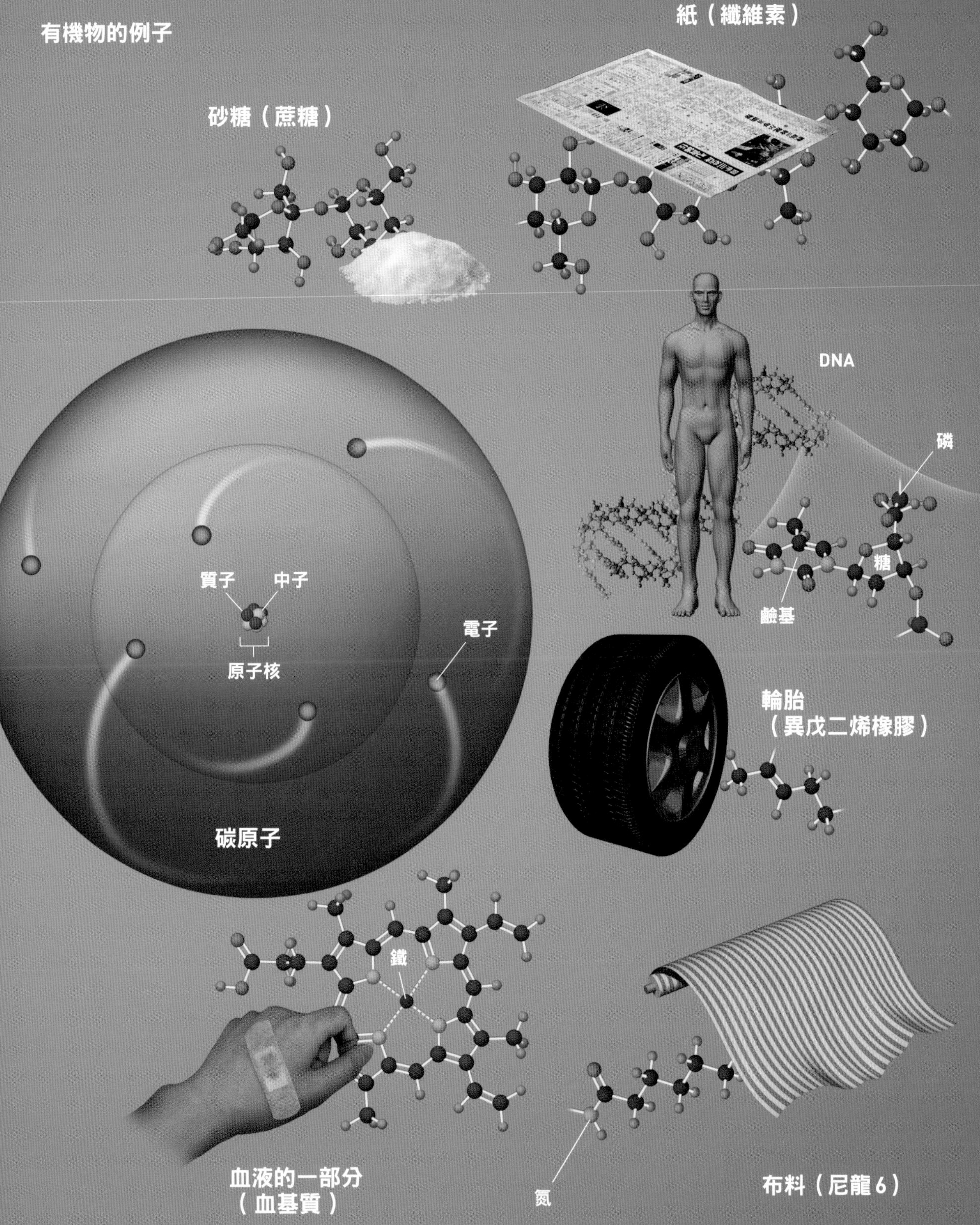
有機物的例子
紙（纖維素）
砂糖（蔗糖）
DNA
磷
糖
鹼基
質子
中子
原子核
電子
碳原子
輪胎
（異戊二烯橡膠）
鐵
血液的一部分
（血基質）
氮
布料（尼龍6）

現代社會不可或缺的有機化學

碳擁有的「四隻手」非常重要

分子形狀產生有機物之性質的差異

19世紀時人們發現各種有機物全是由碳等少許幾種元素組成，接著開始思考碳、氧、氫等原子組合成的「分子」，其形狀是否與有機物性質的不同有關，並推測各種分子的樣貌。

1858年，德國化學家克古列（August Kekulé，1829～1896）與英國化學家庫帕（Archibald Scott Couper，1831～1892）提出「氧有兩隻手、氫有一隻手」這樣的說法，並進一步發表新學說：「碳有四隻手，可一次連結四個原子」、「碳與碳也可以彼此連結」。這些說法雖然只是假設之一，但由於可以解釋各種有機化合物的謎團，逐漸為化學家們所接受，各種有機化合物的樣貌開始慢慢被闡明。

1個碳原子與3個原子連結後會形成Y形結構

乙烯（C_2H_4）分子所含的1個碳原子與2個氫原子及1個碳原子相連。與碳原子連結的2個氫原子和1個碳原子，形成了交角約為120度的Y形結構。碳原子之間的共價鍵為共用兩個電子對的雙鍵。

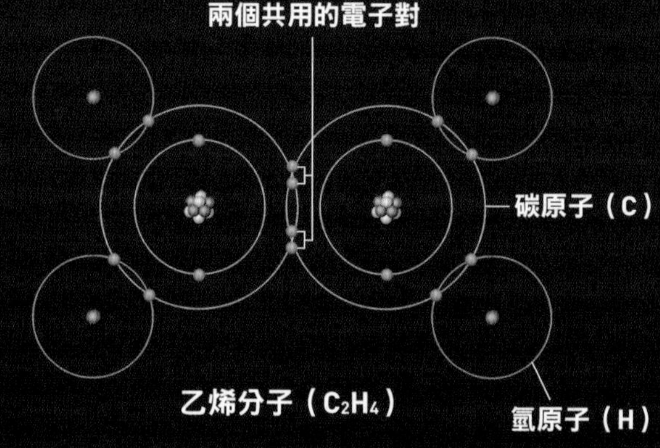

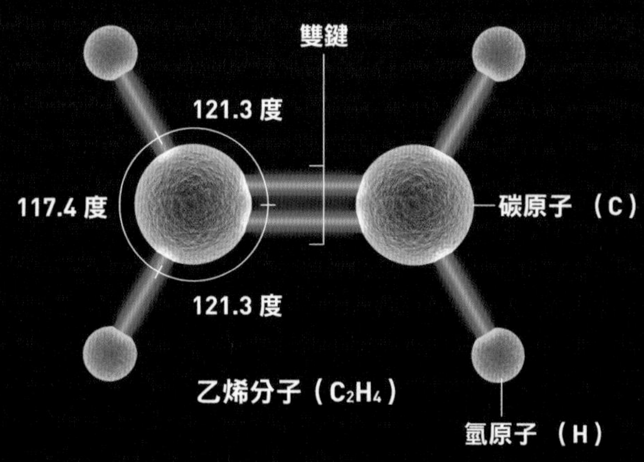

1個碳原子與4個同種類的原子連結後，形成正四面體結構

在1個碳原子上連結4個氫原子後會成為甲烷（CH_4），甲烷的氫原子位於正四面體上。四個共價鍵為各個共同電子對的單鍵。

碳原子形成的正四面體結構與Y形結構

1個碳原子最多能以共鍵價與4個原子結合。1個碳原子和4個同種類的原子連結會形成正四面體結構（下），和3個原子連結會形成Y形結構（左頁），和2個原子連結則會形成直線結構。

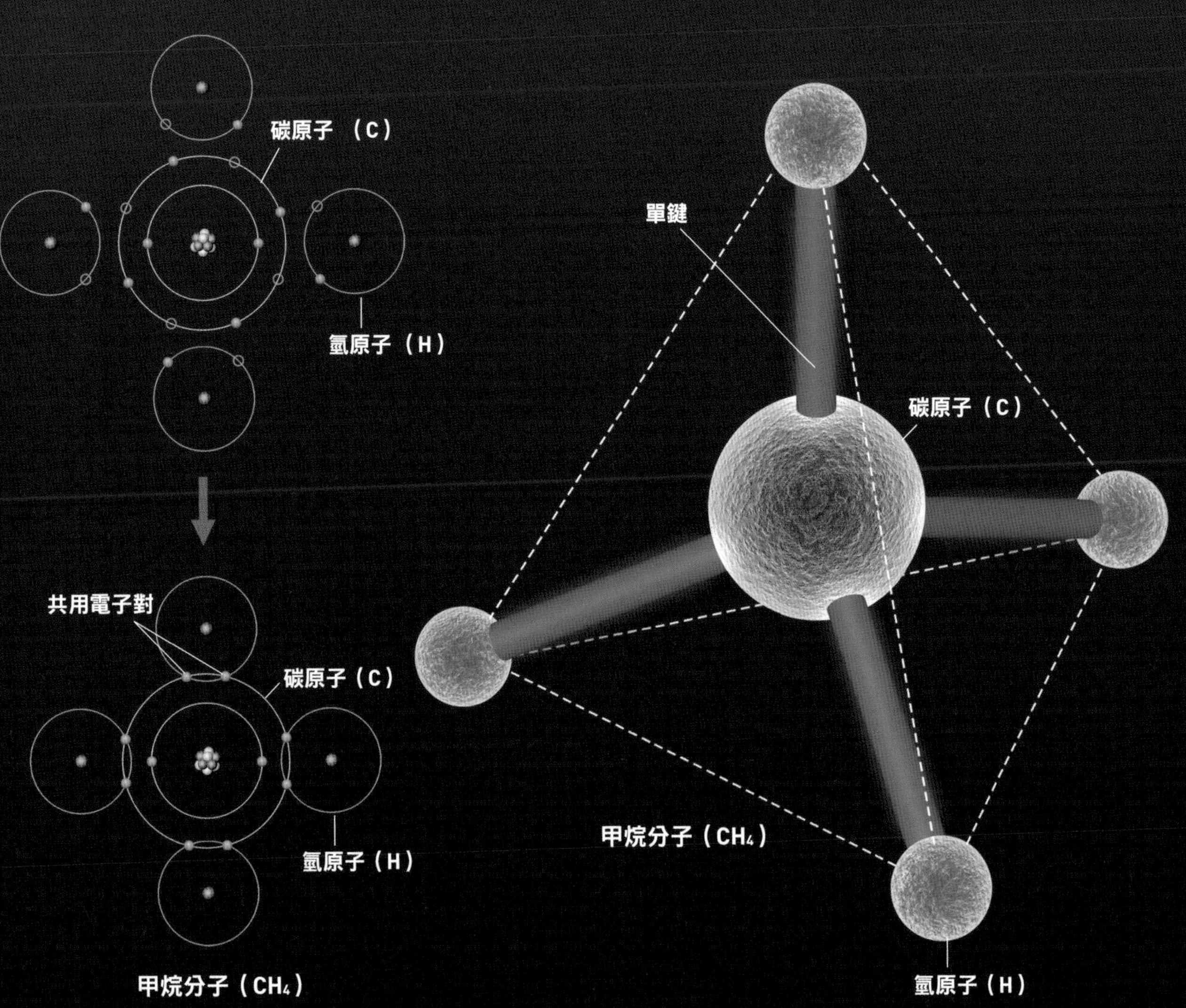

現代社會不可或缺的有機化學

碳的連結方式決定了有機物的樣貌

呈長鏈狀或環狀相連的碳

成為「骨架」的分子

有機化合物可分成碳與碳相連的「骨架」部分，以及各種「裝飾品」這兩部分來思考，這裡介紹作為骨架的代表性分子。

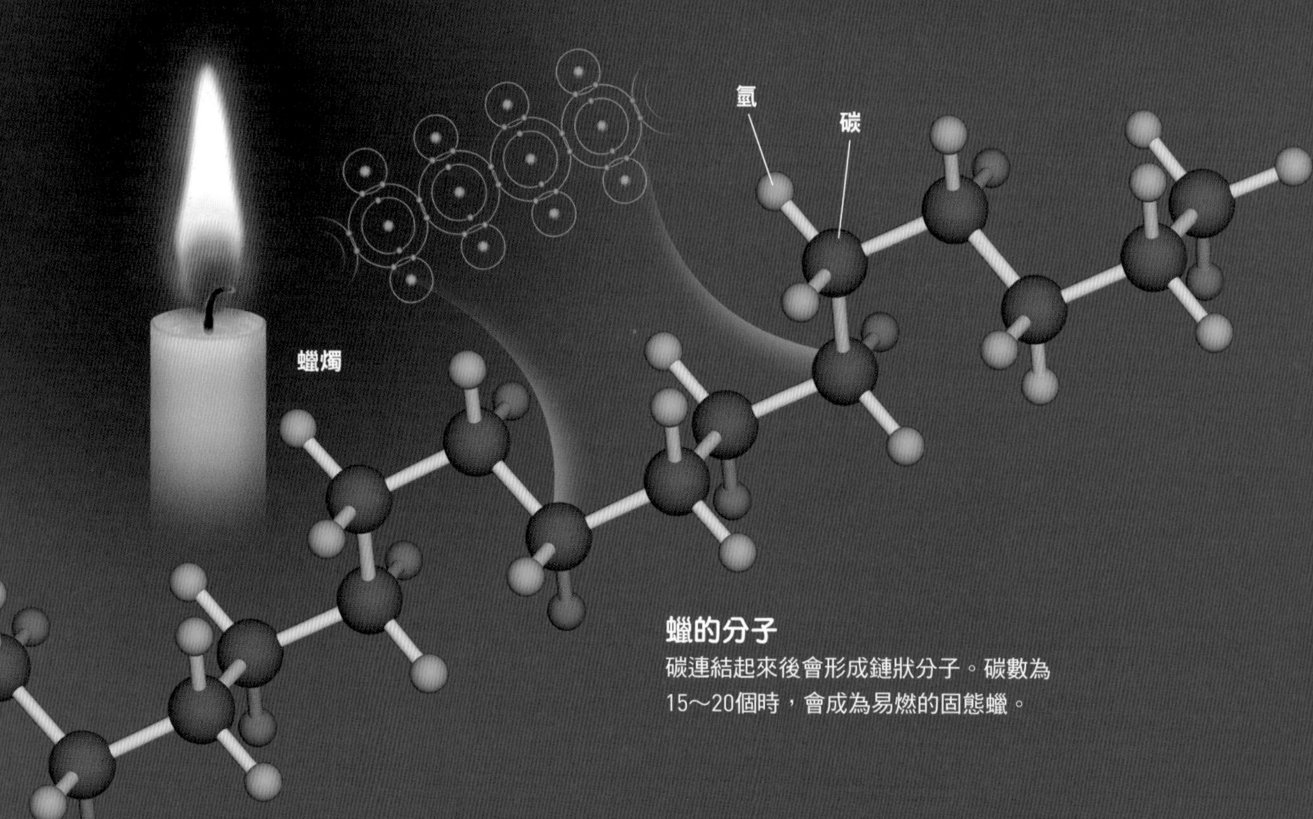

蠟的分子

碳連結起來後會形成鏈狀分子。碳數為15～20個時，會成為易燃的固態蠟。

狀相連的結構。

「鏈狀」的代表性例子即為碳與碳以單鍵連結成一長串的分子「脂肪族」。脂肪族的碳會用兩隻手與兩個相鄰的碳連結，剩下兩隻手則分別連結氫等元素。碳鏈即是有機物的「骨架」。

已知這種碳鏈的性質會因相連的碳數而異。當碳數為1～4個時，在室溫下會呈現氣態，若是15～20個碳

的數目繼續增加後，會慢慢變得難以燃燒，若是數萬到數十萬個碳相連，就會成為塑膠袋的原料「聚乙烯」（PE）。

「苯」則是由6個碳結合而成，是環狀結構之分子的代表性例子。

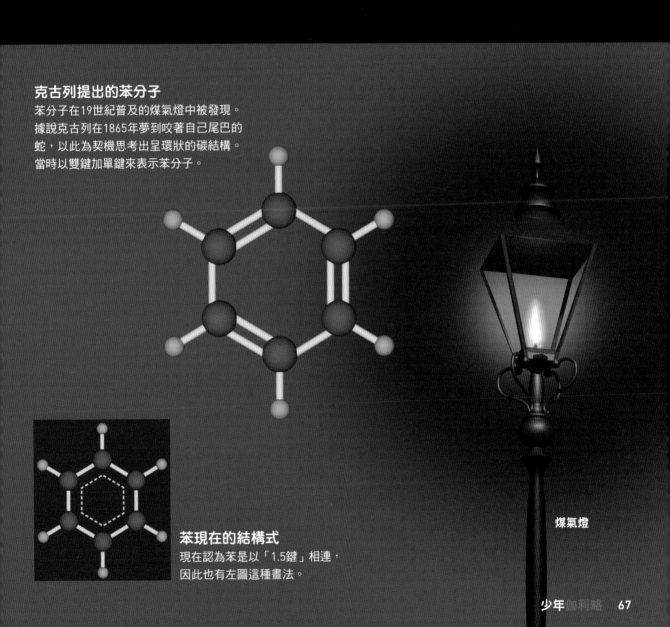

克古列提出的苯分子

苯分子在19世紀普及的煤氣燈中被發現。據說克古列在1865年夢到咬著自己尾巴的蛇，以此為契機思考出呈環狀的碳結構。當時以雙鍵加單鍵來表示苯分子。

苯現在的結構式

現在認為苯是以「1.5鍵」相連，因此也有左圖這種畫法。

煤氣燈

現代社會不可或缺的有機化學

「官能基」決定了有機物的性質

加在有機化合物分子上的「裝飾品」

「裝飾品」賦予分子各式各樣的機能

在碳鏈上加上官能基，可讓它擁有與原本有機物不同的性質。官能基的各種性質是由原子和原子間「電荷分布不均的方式」決定。

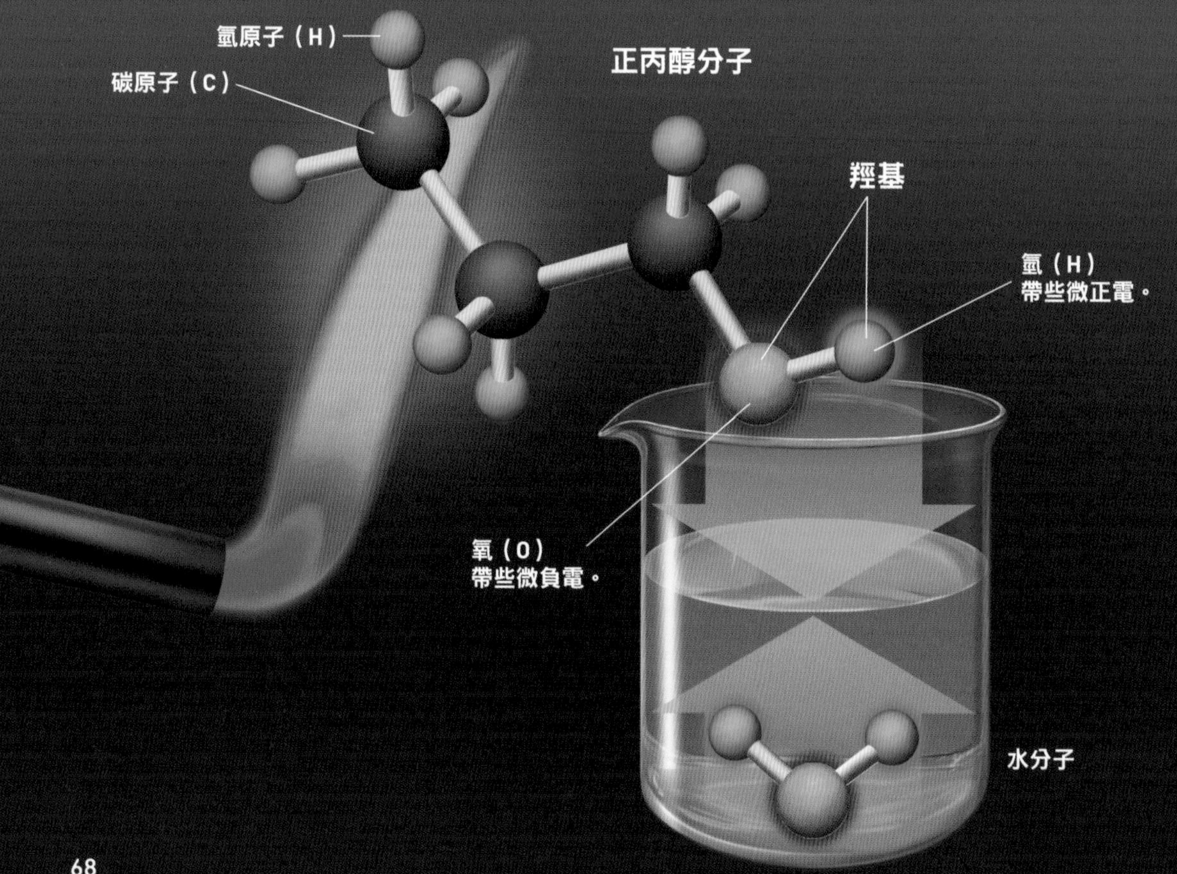

於家用瓦斯的「丙烷」(C_3H_8)氣體由三個碳和八個氫組成，果把其中一個氫換成由氧和氫組成「羥基」這種「裝飾品」，就會變名為「正丙醇」的液體。

丙烷與水不能互溶，但正丙醇可，這是因為羥基具有與水類似的構。另一方面正丙醇也保留了易燃的質。有機化合物的性質是由擁有何裝飾品所決定。這些裝飾品稱為官能基」(functional group)，意為「賦予機能的部分」。

羥基能提供這樣的能力是因為羥基上的電荷分布不均，而其他官能基也會因電荷分布不均而產生各種機能。

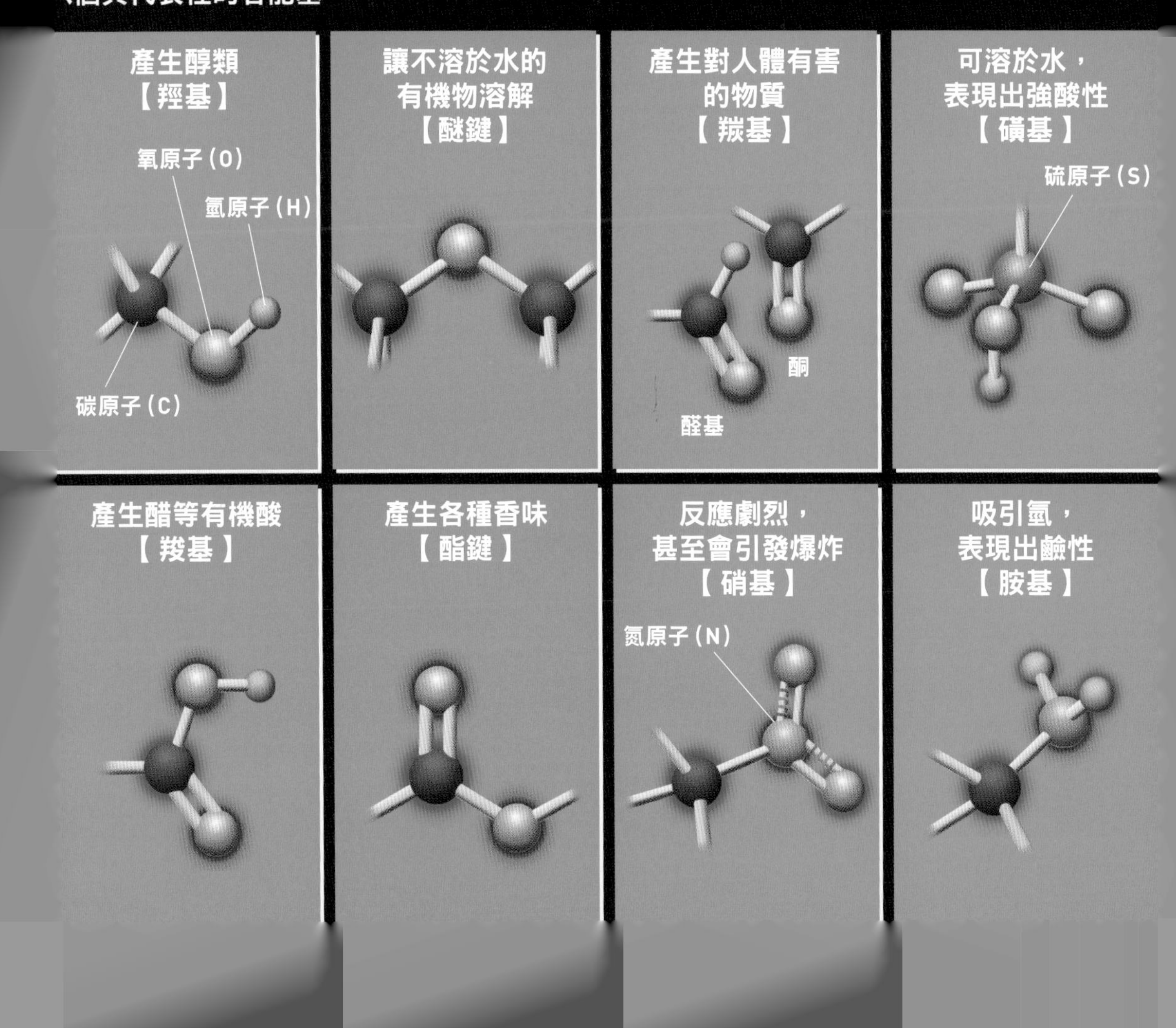

現代社會不可或缺的有機化學

周圍環境存在許多人造的有機物

將分子連成一長串而製造出的有機物

我們身邊有許多由長鏈狀分子「聚合物」（polymer）形成的物質。聚合物是20世紀人類製造出的有機物。19世紀初，有機物對化學家而言還是「生命產生的東西」。但在那100年後，有機物已經可以由人工操控，像塑膠袋、寶特瓶，或者是「聚酯纖維」、「尼龍」等。還可以由此製造出各式各樣的材料，像是接著劑或能耐高壓的水槽壁等。

聚合物可藉由先製造出小分子，再

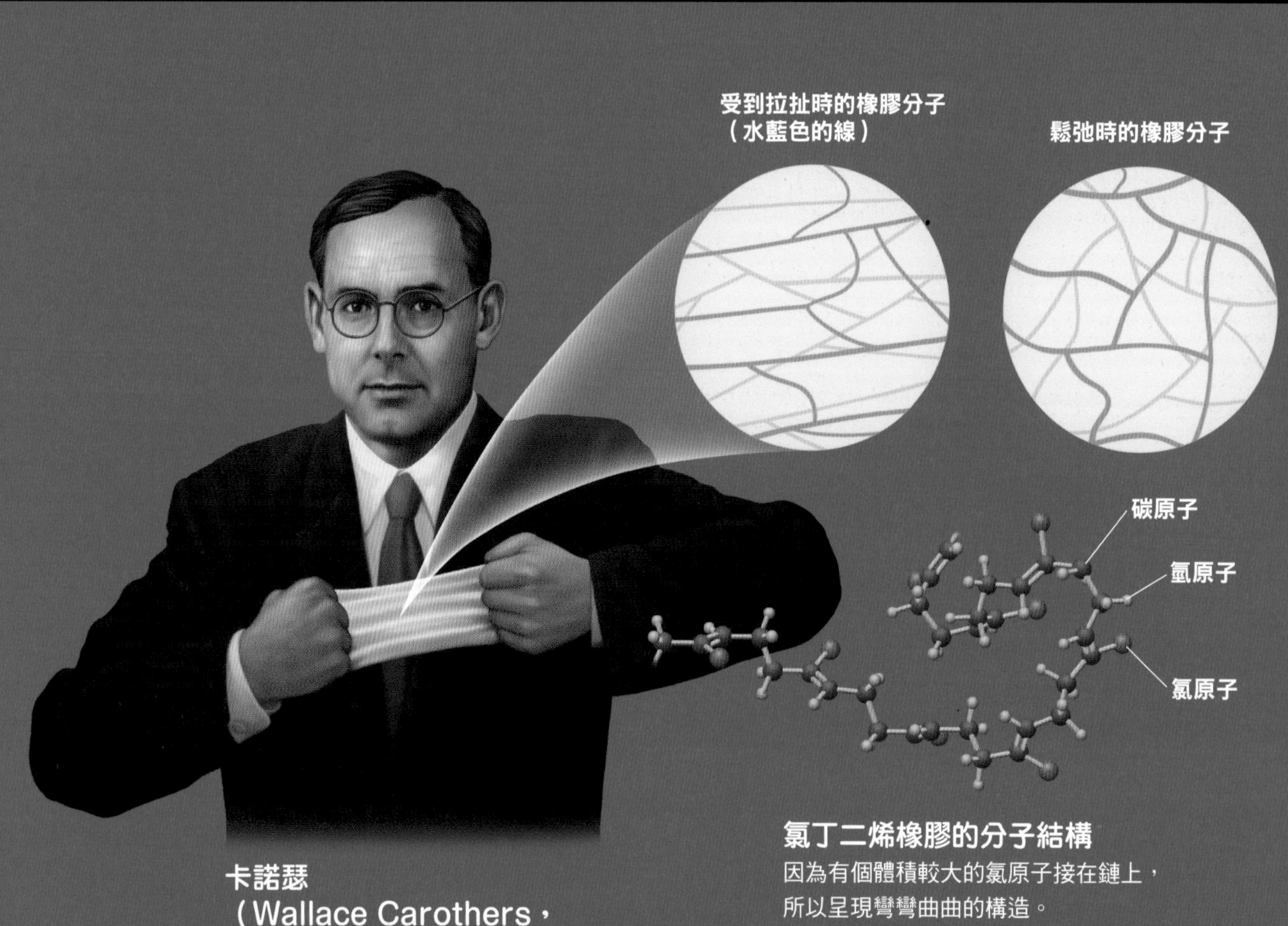

氯丁二烯橡膠的分子結構

因為有個體積較大的氯原子接在鏈上，所以呈現彎彎曲曲的構造。

卡諾瑟
（Wallace Carothers，1896～1937）

1931年成功製造出世界第一種人工橡膠「氯丁二烯橡膠」，4年後開發了尼龍。

將幾萬個到幾十萬個小分子連結成長鏈狀製造出來。「Poly」意味著「多數」，而polymer就是指「將許多分子連結成的物質」。

聚合物也跟砂糖或植物一樣是有機化合物，但大多數人造聚合物在自然界中會殘留下來，無法透過長時間分解，這是因為自然界中不存在能分解這些人造物質的生物。因此近年正在開發可在自然界中分解的素材，並努力普及回收技術。

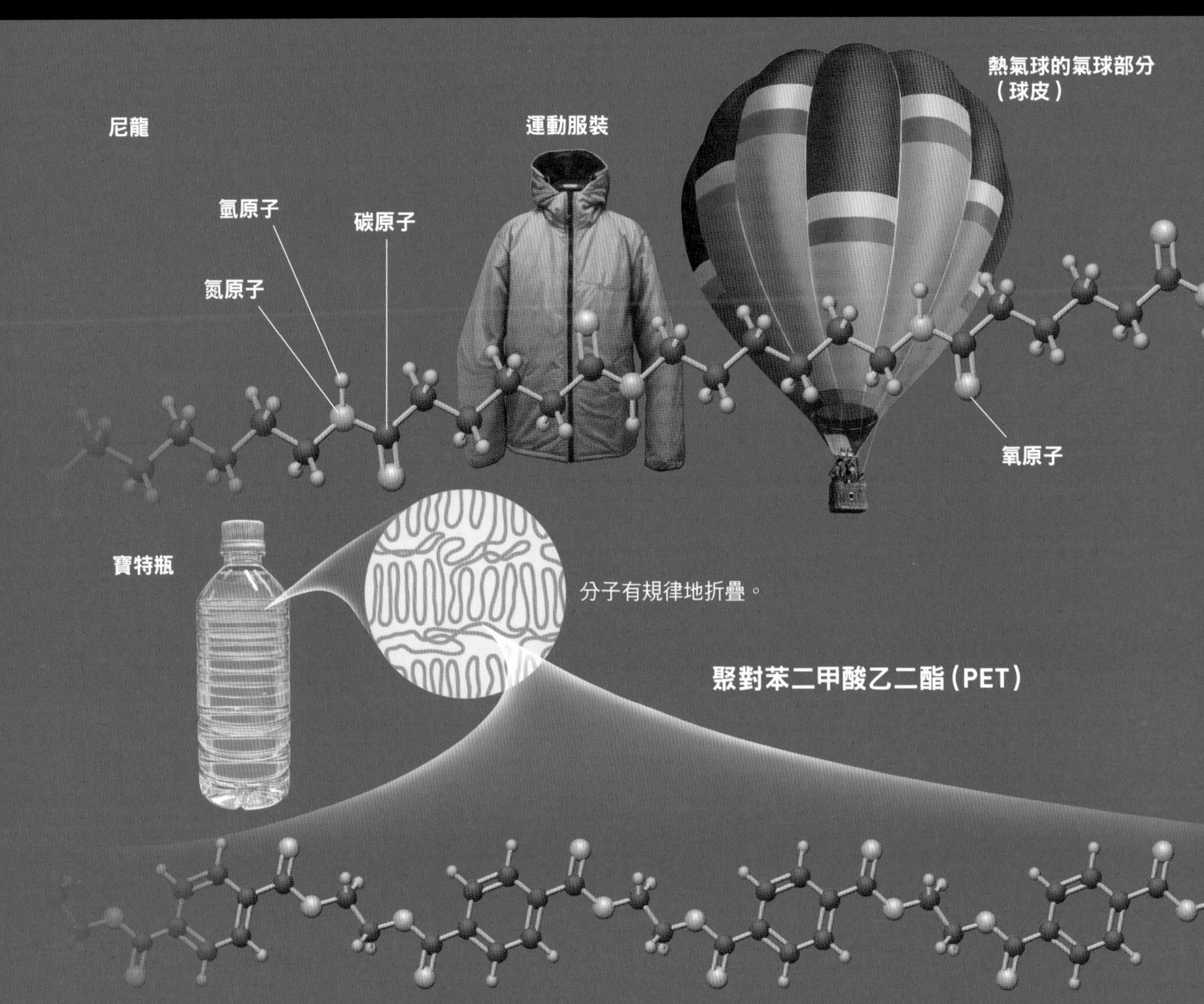

藥物是以天然有機物為靈感製造

最近也能在實驗室中從零開始製造

到了20世紀，隨著有機化學的發展，逐漸研究出各種天然有機化合物的構造，並得以在實驗室裡合成。其中具代表性的例子就是止痛藥阿斯匹靈（Aspirin），以及熱帶傳染病瘧疾的特效藥奎寧（quinine）。在最近的例子中，治療流行性感冒的藥物「克流感」，就是將八角這種果實萃取出的分子重組製造出來的。

在整個20世紀裡，自然界中存在的多種物質已被人工方式合成，或是透過分子重組改良成效果更好的藥物。

20世紀的藥學是透過研究及改良生物產生的藥物分子，並在實驗室中製造發展起來的。另一方面，據說近年正在發展利用人工智慧（AI）從零開始製造新型藥物，這是備受期待的製藥新方法。

柳樹

樹皮自古以來就被當作止痛藥使用。圖中雖為垂柳，但從其他品種的柳樹也能提煉出柳苷（salicin）。

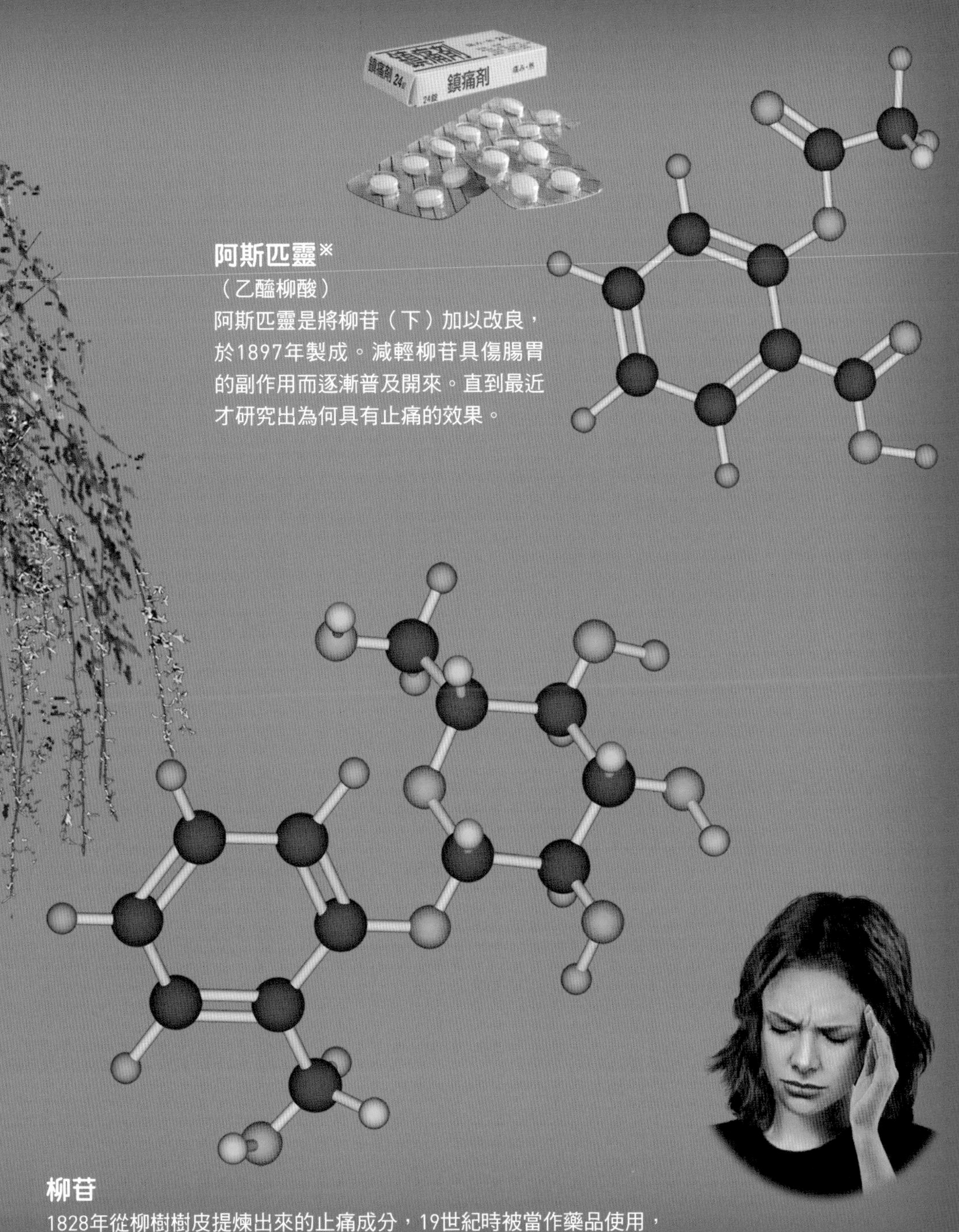

阿斯匹靈※

（乙醯柳酸）

阿斯匹靈是將柳苷（下）加以改良，於1897年製成。減輕柳苷具傷腸胃的副作用而逐漸普及開來。直到最近才研究出為何具有止痛的效果。

柳苷

1828年從柳樹樹皮提煉出來的止痛成分，19世紀時被當作藥品使用，但副作用是會傷害腸胃。

※：「阿斯匹靈」是德國拜耳股份公司的註冊商標。

現代社會不可或缺的有機化學

無論塑膠或合成纖維，關鍵都在於碳鏈

日常生活的有機化合物是從石油製造出來的

塑膠、酒精、蛋白質、油脂……，這些有機化合物據說大約有2億種。

有機化合物的骨架碳原子是用「四隻手」與彼此相連，可以構成長鏈狀的有機化合物，也能形成有分支的碳鏈，或是五、六個碳原子呈環狀相連的構造。如此一來就產生出種類繁多的有機化合物。

塑膠或合成纖維等有機化合物是從石油（原油）製造的。精製原油時分

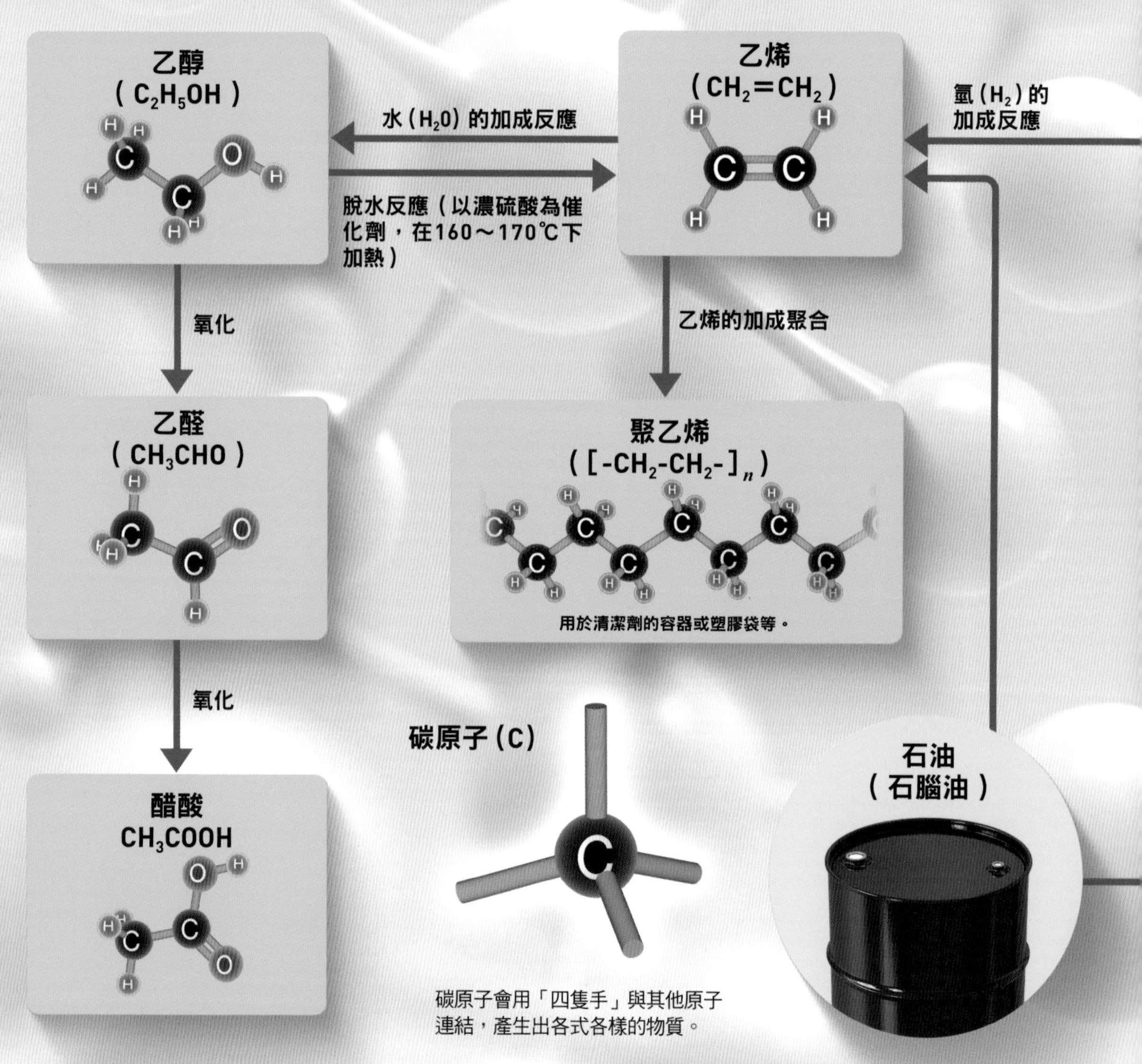

碳原子會用「四隻手」與其他原子連結，產生出各式各樣的物質。

離出的「石腦油」(naphtha)這種類似石油的液體，從中可以得到「乙烯」和「苯」這兩種有機化合物。透過以這兩種有機化合物為基礎的化學反應，能製造出各式各樣的有機化合物。圖為製造這些有機化合物的反應路徑。

例如用於洗髮精瓶子等產品的「聚乙烯」，就是透過「加成聚合作用」這種化學反應，將乙烯一個個連接起來所製造的。

以石油為原料可製造出五花八門的有機化合物

圖中為以石油(石腦油)為原料所製造出的各種有機化合物，以及化學反應路徑的示例。

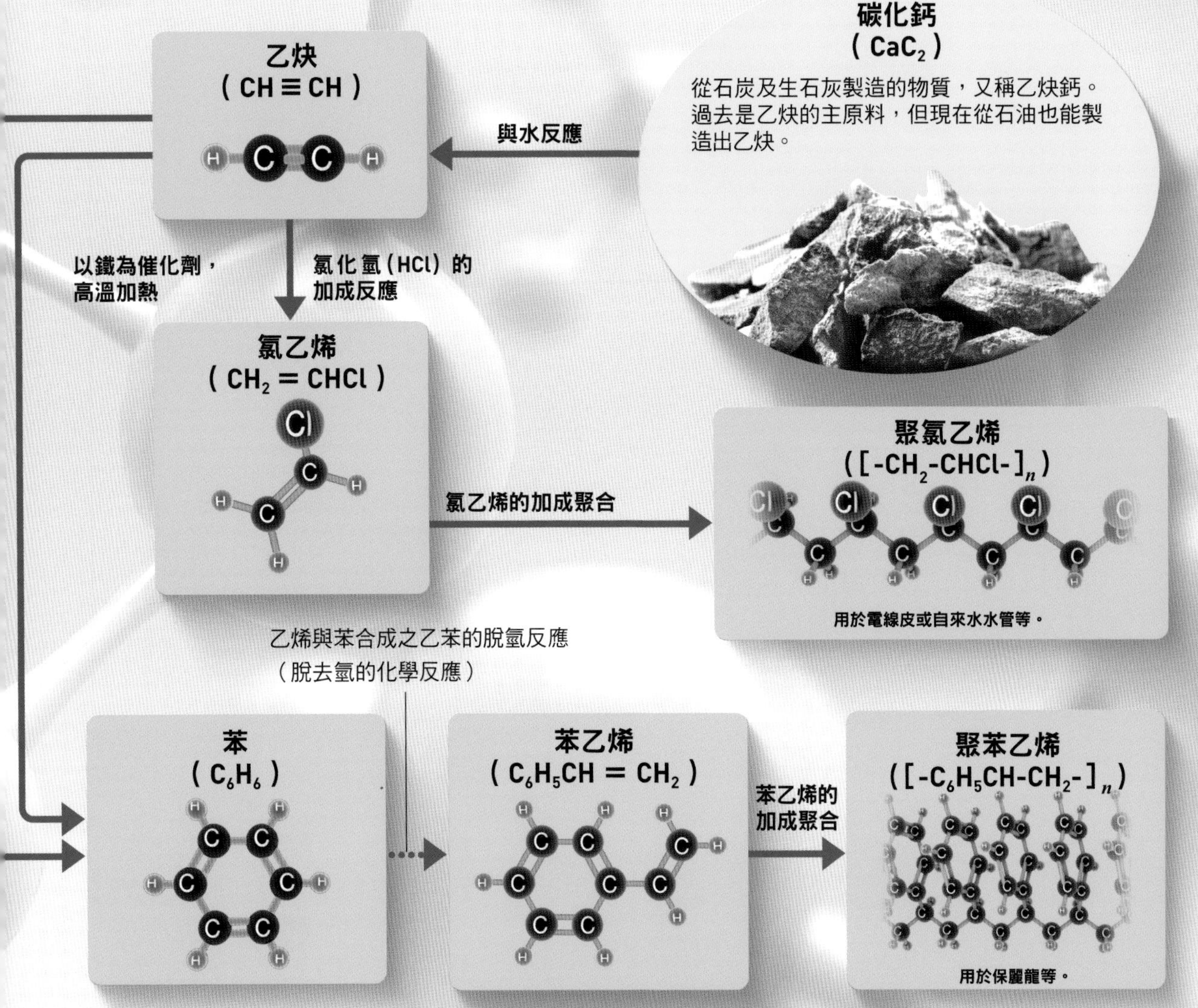

「$C_{20}H_{42}$」的種類超過36萬種

有機化合物最大的特徵就是雖然只由少許幾種元素組成，種類卻多得不得了。

像6種C_4H_8這樣種類不同，卻以同樣化學式表示的化合物，稱之為「同分異構物」（isomer）。有機化合物之同分異構物的數量，會隨著其中所含碳原子數目的增加而出現爆炸性的

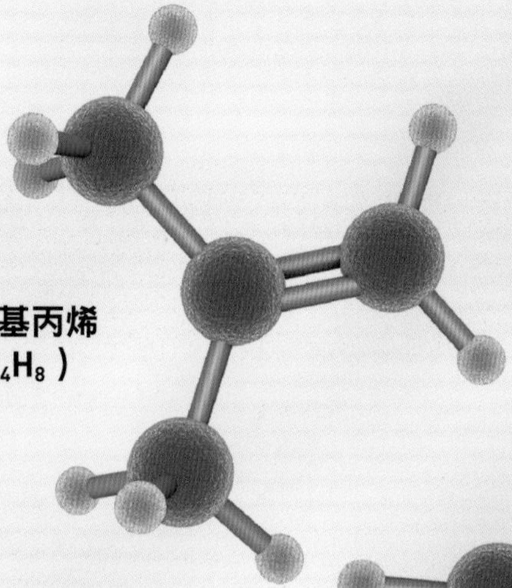

2-甲基丙烯
（C_4H_8）

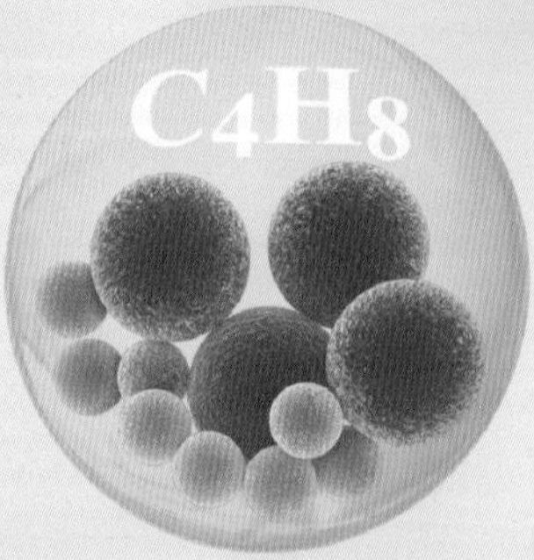

甲基環丙烷
（C_4H_8）

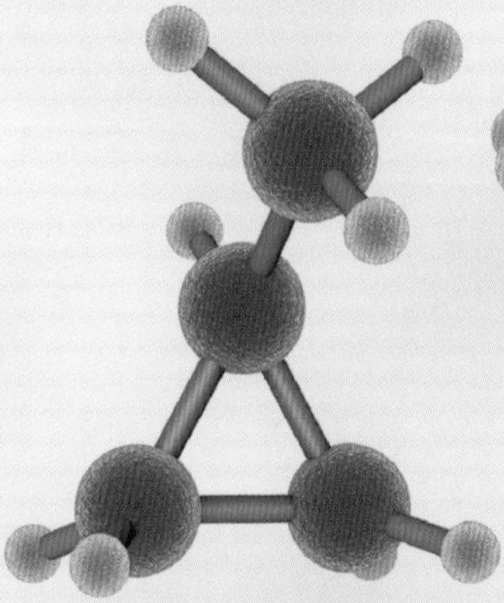

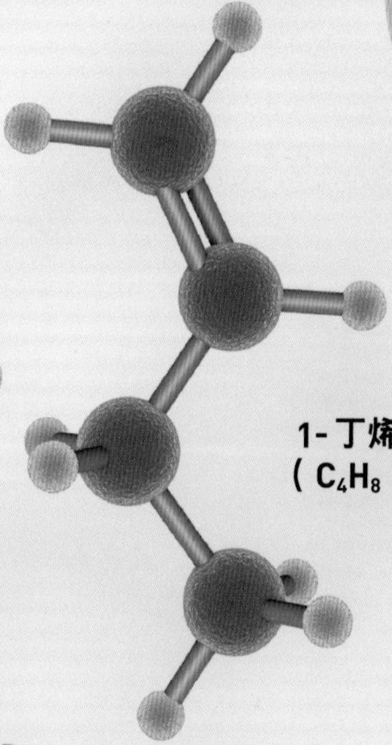

1-丁烯
（C_4H_8）

成長。

例如以10個碳原子和22個氫原子組成的有機化合物（$C_{10}H_{22}$），同分異構物有75種※；20個碳原子和42個氫原子組成的有機化合物（$C_{20}H_{42}$），同分異構物就有36萬6319種；30個碳原子和62個氫原子組成的有機化合物（$C_{30}H_{62}$），同分異構物更多達41億1184萬6763種。

※：$C_{10}H_{22}$是碳鏈全由單鍵連結的「烷類」，烷類的同分異構物數量可透過計算求得，但由於計算方法很複雜，無法簡單說明。另外，$C_{20}H_{42}$與$C_{30}H_{62}$也是烷類。

有機化合物C_4H_8的 6 種分子

圖中的 6 種分子中除了1-丁烯以外，所有分子的碳原子排列方式都不同。反-2-丁烯與1-丁烯的碳原子排列方式雖然相同，但雙鍵位置不同。

順-2-丁烯與反-2-丁烯的差異，在於1個碳原子與3個氫原子組成的零件（CH_3）附加在雙鍵兩端的配置不同。順-2-丁烯的「順」是指零件在同一側，反-2-丁烯的「反」是指零件在不同側。

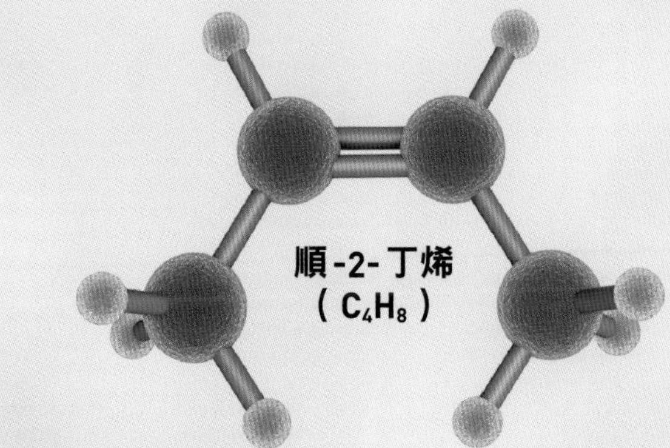

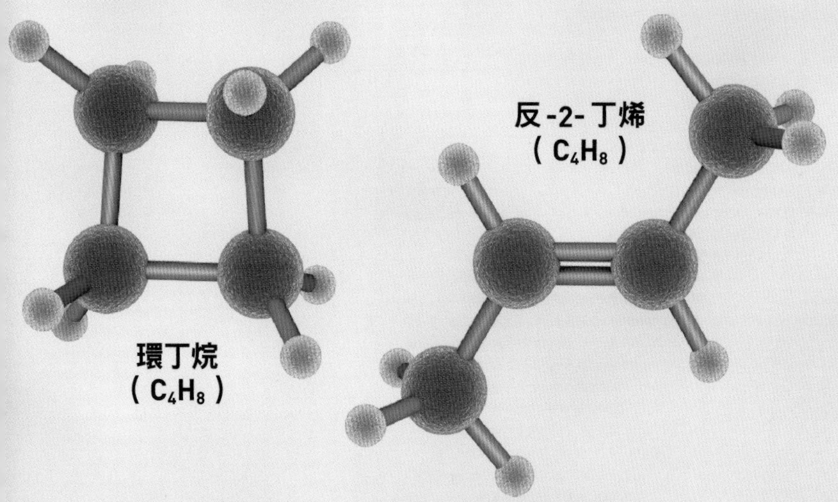

本書《3小時讀化學》就在這裡劃下句點了，您覺得如何呢？

正如在前面的內容所看到的，世間一切物質都是由各種原子以複雜的組合形成。化學這門學問就是在闡明這些物質的性質，以及物質之間的反應機制。

將原子構造或元素加以分類的週期表、原子或分子連結的方式、各種化學反應的機制與範例等，會讓很多人想起化學課吧。有機化合物充斥在日常生活周遭，而製造出這些有機化合物的有機化學，扮演著支撐現代社會的重要角色。

如果您因為本書而對化學世界產生更濃厚的興趣，是我們的榮幸。還想瞭解更多的讀者，可以參考人人伽利略04《國中・高中化學：讓人愛上化學的視覺讀本》。

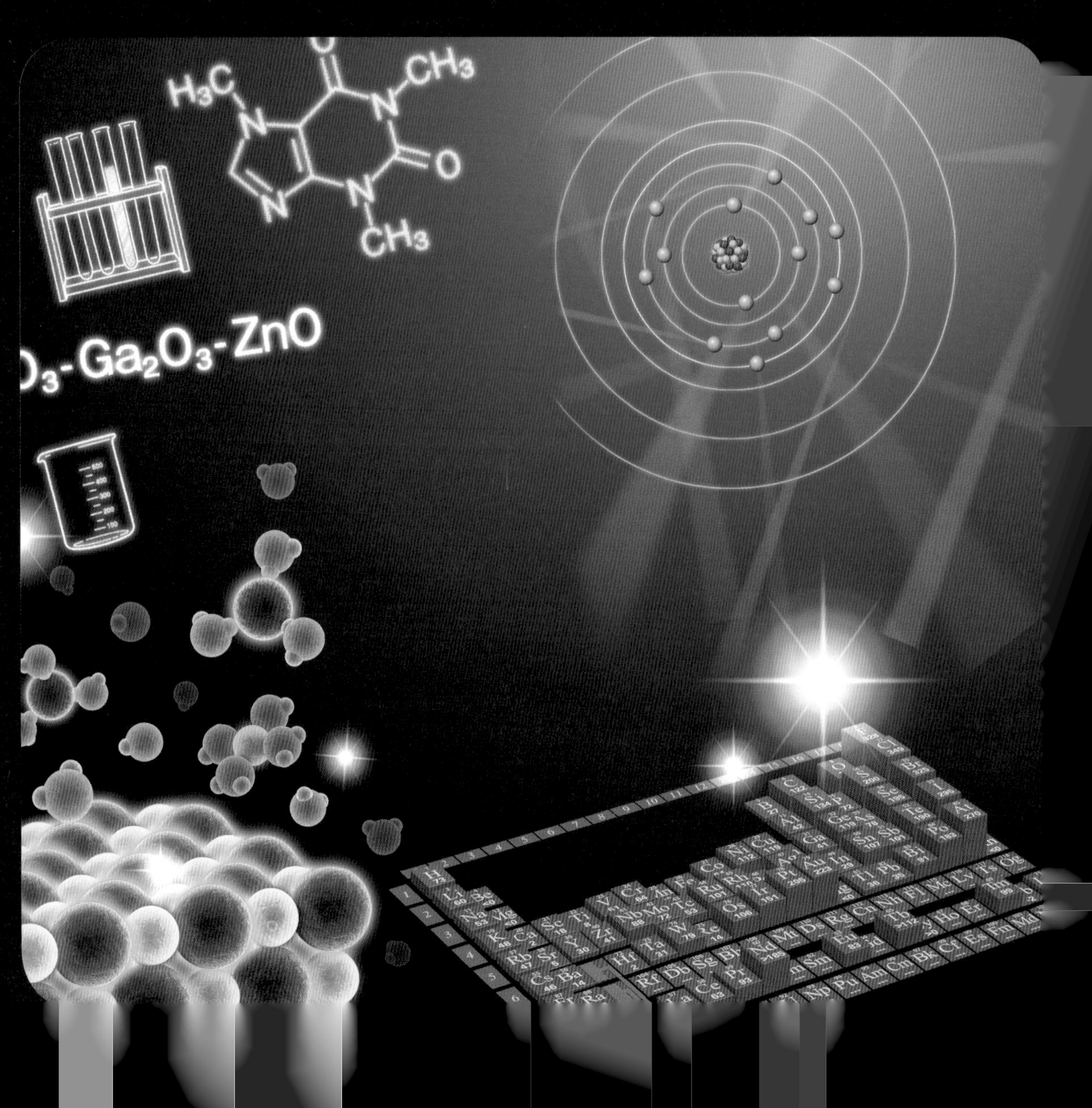

人人伽利略系列好評熱賣中！　日本Newton Press授權出版

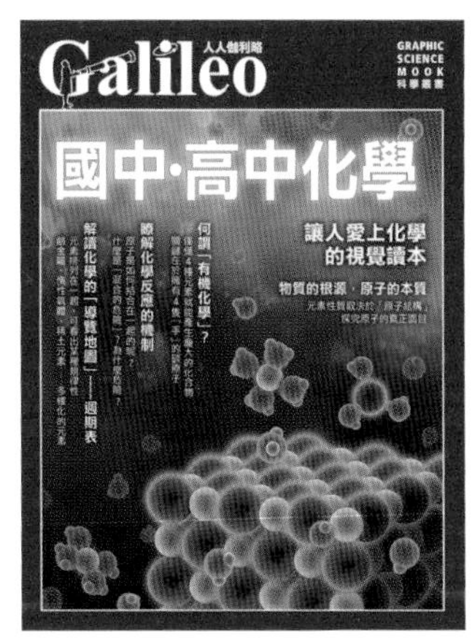

人人伽利略 科學叢書 04

國中・高中化學　讓人愛上化學的視覺讀本　售價：420元

「化學」就是研究物質性質、反應的學問。所有的物質、生活中的各種現象都是化學的對象，而我們的生活充滿了化學的成果，了解化學，對於我們所面臨的各種狀況的了解與處理應該都有幫助。

本書從了解物質的根源「原子」的本質開始，再詳盡介紹化學的導覽地圖「週期表」、化學鍵結、生活中的化學反應、以碳為主角的有機化學等等。希望對正在學習化學的學生、想要重溫學生生涯的大人們，都能因本書而受益。

人人伽利略 科學叢書 11

國中・高中物理　徹底了解萬物運行的規則！　售價：380元

物理學是探究潛藏於自然界之「規則」（律）的一門學問。人類驅使著發現的「規則」，讓探測器飛到太空，也藉著「規則」讓汽車行駛，也能利用智慧手機進行各種資訊的傳遞。倘若有人對這種貌似「非常困難」的物理學敬而遠之的話，就要錯失了解轉動這個世界之「規則」的機會。這是多麼可惜的事啊！

★國立臺灣大學物理系教授　陳義裕 審訂、推薦

人人伽利略 科學叢書 20

數學的世界　從快樂學習中增強科學與數學實力　售價：450元

本書以許多「數學關鍵字」為主軸，從函數、圓周率、方程式等基礎概念，進階到拓樸學、歐拉恆等式等，依序加深學習概念，帶領讀者進入數學神秘奧妙的世界。接著介紹多位數學家生平與其成就，還有19個數學情境題，與多個困擾數學家百年的世紀謎題，可以跟著腦力激盪，一探究竟這些謎題背後的概念。希望本書能用不同角度，拉近讀者與數學的距離！

★臺灣數學史教育學會理事長　洪萬生老師 審訂、推薦

【 少年伽利略 28 】

3小時讀化學
高效掌握國高中基礎化學

作者／日本Newton Press
特約編輯／洪文樺
翻譯／彭智敏
編輯／林庭安
發行人／周元白
出版者／人人出版股份有限公司
地址／231028 新北市新店區寶橋路235巷6弄6號7樓
電話／（02）2918-3366（代表號）
傳真／（02）2914-0000
網址／www.jjp.com.tw
郵政劃撥帳號／16402311 人人出版股份有限公司
製版印刷／長城製版印刷股份有限公司
電話／（02）2918-3366（代表號）
經銷商／聯合發行股份有限公司
電話／（02）2917-8022
香港經銷商／一代匯集
電話／（852）2783-8102
第一版第一刷／2022年8月
定價／新台幣250元
港幣83元

國家圖書館出版品預行編目（CIP）資料

3小時讀化學：高效掌握國高中基礎化學
日本Newton Press作；
彭智敏翻譯. -- 第一版. --
新北市：人人出版股份有限公司, 2022.08
面； 公分. —（少年伽利略；28）
ISBN 978-986-461-300-7（平裝）
1.CST：化學 2.CST：中等教育

524.36 111009507

Staff

Editorial Management 木村直之
Design Format 米倉英弘＋川口 匠（細山田デザイン事務所）
Editorial Staff 小松研吾，塚越絢子

Photograph

60～61 Bridgeman Images/PPS通信社

Illustration

Cover Design 宮川愛理
2～13 Newton Press
14～15 Newton Press，谷合稔
16～19 Newton Press
20～21 Newton Press（セルロース：日本化学物質辞書J-GLOBAL，credit①,DNA：credit①）
22～25 Newton Press
26～29 富﨑NORI，Newton Press
30～39 Newton Press
40～45 Newton Press
46～47 浅野仁
48～63 Newton Press
64～65 小林稔
66～77 Newton Press
credit① ePMV(Johnson, G.T. and Autin, L., Goodsell, D.S., Sanner, M.F., Olson, A.J. (2011). ePMV Embeds Molecular Modeling into Professional Animation Software Environments. Structure 19, 293-303